Suzi Pavic & Ed Hellmeier

Am Ende bleibt der Schmerz und die Frage WARUM?

Suzi Pavic & Ed Hellmeier

Am Ende bleibt der Schmerz und die Frage WARUM?

Dynamik einer Borderline-Beziehung

edition klotz

Impressum:

Suzi Pavic, Ed Hellmeier
Am Ende bleibt der Schmerz und die Frage WARUM?
Dynamik einer Borderline-Beziehung

2., unveränderte Auflage 2017

Kirchstr. 5
39326 Hohenwarsleben
www.westarp.de

ISBN: 978-3-86617-146-6

Text: Suzi Pavic, Ed Hellmeier
Lektorat und Satz: Dr. Günther Wannenmacher · www.lektorat-wannenmacher.de
Umschlaggestaltung: Alf Zander
Coverfoto: „Bio-Hazzard" von Robert Tyss (Sindelfingen)
Druck und Bindung: Westarp & Partner Digitaldruck · www.unidruck7-24.de

Wer in den Spiegel des Wassers blickt, sieht allerdings zunächst sein eigenes Bild. Wer zu sich selber geht, riskiert die Begegnung mit sich selbst. Der Spiegel schmeichelt nicht, er zeigt getreu, was in ihn hineinschaut, nämlich jenes Gesicht, das wir der Welt nie zeigen, weil wir es durch die Persona, die Maske des Schauspielers, verhüllen. Der Spiegel aber liegt hinter der Maske und zeigt das wahre Gesicht.
Dies ist die erste Mutprobe auf dem inneren Wege, eine Probe, die genügt, um die meisten abzuschrecken, denn die Begegnung mit sich selber gehört zu den unangenehmeren Dingen, denen man entgeht, solange man alles Negative auf die Umgebung projizieren kann.

C.G. Jung

VORWORT

Das Buch soll der Aufklärung dienen. Es richtet sich an alle diejenigen, die sich mit der Borderline-Persönlichkeitsstörung auseinandersetzen wollen.
Ziel dieses Buches ist es, die Dynamiken einer Borderline-Beziehung zu erklären, auf rationaler sowie auf emotionaler Ebene. Aufgrund eigener Erfahrungen weiß ich, dass Aufklärung und Verständnis sowohl für Betroffene als auch deren Partner wichtig sind, um besser mit dieser komplexen Krankheit umgehen zu können. Die Autoren versuchen dies mit einfachen Worten und bringen Klarheit, was sich hinter den gängigen Fachbegriffen verbirgt. Sie räumen dabei auch mit dem einen oder anderen Klischee auf.

Das Buch ist in vier Teile gegliedert.

Teil 1 umfasst die bekannten Hauptsymptome der Borderline-Persönlichkeitsstörung und die psychodynamischen Abwehrmechanismen, die zusammengenommen die Abläufe, wie sie in der Geschichte in Teil 2 des Buches ablaufen, erklären. Diese sind schon länger bekannt und wurden nach entsprechender Diagnose Ed Hellmeiers aus eigener Erfahrung, Recherche und nach intensivem Diskurs mit Therapeuten und anderen Borderlinern hier zusammengefasst, ohne allzu sehr nach akademischer Terminologie zu greifen.

In Teil 2 wird der Verlauf einer Borderline-Beziehung von Anfang bis Ende behandelt. In den beschriebenen Situationen der Beziehung zeigt die Autorin die Gefühle und Erwartungen der beiden Partner und erklärt, welche Mechanismen bei ihnen wirken.
Die Geschichte beruht auf den Erfahrungen vieler Betroffenen und Angehörigen und schildert keine tatsächlichen Personen, jedoch sind die beschriebenen Emotionen und Situationen authentisch, da mehrere

Borderliner und Angehörige am Buch mitgewirkt haben, indem sie ihre realen Emotionen und Geschichten zum Ausdruck gebracht haben.
Die Geschichte hätte auch von einem männlichen Borderliner handeln können, da sich die Symptome nur minimal zwischen den Geschlechtern unterscheiden. Es geht dabei immer um dieselben Ängste und ähnlich irrationale Verhaltensweisen.

In Teil 3 werden häufig gestellte Fragen rund um das Thema Borderline, Beziehung und wiederkehrende Erlebnisse beantwortet. Ebenfalls in intensiver Zusammenarbeit mit Borderlinern, Angehörigen von Borderlinern und Therapeuten hat Suzi Pavic Erfahrungen gesammelt, die sie hier zusammenfassen konnte.

Teil 4: Einblicke in die Gefühlswelt einer Borderlinerin – Eine andere Sichtweise

Menschen, die in eine Borderline-Beziehung geraten, werden in deren Verlauf oft auf sich selbst zurückgeworfen. Sie sind gezwungen, so viele Dinge zu hinterfragen, wie noch nie zuvor in ihrem Leben.
Dieses Buch versucht durch Aufklärung einen Weg aus Leid und Ohnmacht zu ebnen, die als Folge einer Borderline-Beziehung häufig zu beobachten sind.
Es soll allerdings kein Ratgeber im Sinne von „Wie reagiere ich dann und dann?“ oder „Was mache ich wenn …?“ sein, sondern es wird versucht, ein grundlegendes Verständnis, über Definitionen hinausgehend, zu schaffen und dadurch jedem die Möglichkeit zu geben, auf dieser Grundlage selbstverantwortlich zu handeln.

Dieses Buch ist kein Ersatz für eine möglicherweise notwendige Therapie und Diagnose durch erfahrene Therapeuten und Ärzte.

Kai Zimmermann

I

BORDERLINER LEBEN IN IHRER EIGENEN WELT

SYMPTOME UND ABWEHRMECHANISMEN

Borderliner leben in ihrer eigenen Welt. Für Menschen, die sich noch nie mit der Störung beschäftigt haben, stellt das Verhalten der Betroffenen oft ein unlösbares Rätsel dar. So kommt man auch in diesem Buch nicht umher, sich als erstes mit den Hauptsymptomen der Krankheit zu beschäftigen. Die Borderline-Persönlichkeitsstörung (BPS) ist eine relativ „junge" Krankheit. Natürlich gab es sie auf gewisse Weise schon immer, doch erst Ende des 20. Jahrhunderts erkannte man, dass es sich um eine eigenständige Störung handelt. Bevor es die Diagnose Borderline gab, wurden die Betroffenen an der Grenze zwischen Psychose und neurotischen Störungen angesehen. Nach dieser Grenze ist die Krankheit bis heute umgangssprachlich benannt (Borderline = Grenzlinie). Die WHO (World Health Organization) führt sie unter der Kategorie „Emotional instabile Persönlichkeitsstörung" und hat für eine gesicherte Diagnose neun Hauptmerkmale angegeben, von denen Betroffene mindestens fünf Symptome aufweisen müssen.

Ich bin selbst Borderliner und beschäftige mich seit meiner Diagnose intensiv mit dieser Krankheit. Auf diesem Weg lernte ich auch die Hauptautorin dieses Buches kennen. Wir arbeiten seit einigen Jahren in diversen Selbsthilfeprojekten zusammen, in denen ich unter dem Pseudonym Grenzwandler schreibe. Es war mir deswegen eine Ehre, als sie mich gebeten hat, den analytischen Teil des Buches zu übernehmen. Selten findet man Quellen, in denen die Hauptkriterien der Krankheit genau erklärt werden. Meist werden sie einfach nur aufgezählt.

Dies führt dazu, dass sich viele Betroffene nicht in den Symptomen erkennen können. Ich habe oft von Freunden oder Verwandten gehört, dass die dort beschriebenen Verhaltensweisen doch vollkommen normal seien. Wenn ich dann jedoch genau beschreibe, was bei den aufgezählten Symptomen wirklich in mir vor sich geht, können sie das ganze Ausmaß der Störung erst wirklich begreifen. Meine Aufgabe in diesem Buch ist es darum, diese Symptome genauer zu erklären, damit man die Situationen in den anderen Kapiteln besser verstehen kann.

Borderliner weisen in folgenden Lebensbereichen erhebliche Probleme auf:

1. Störungen der Emotionsregulation:

- Stimmungsschwankungen
- Schwierigkeiten, Gefühle zu steuern

2. Störungen des Denkens:

- Dissoziationen (Verzerrung von Raum-, Zeit- und Körperwahrnehmung)
- Flashbacks (Wiedererleben von traumatischen Erinnerungen)
- Pseudohalluzinationen (Illusionen, die als Täuschung erkannt werden)
- Paranoides Denken (Gefühl, verfolgt zu werden)
- Negative Grundannahmen (schlechte Meinung von sich selbst haben)

3. Störungen der Identität:

- Gefühle von Unsicherheit, Fremdheit und Ekel im Umgang mit sich selbst und dem eigenen Körper
- Das Gefühl, „anders“ zu sein als alle anderen

- Unsicherheit bezüglich der Zukunft, der eigenen Meinung, wichtiger Entscheidungen und Alltagsentscheidungen.

4. Störungen im zwischenmenschlichen Bereich:

- Intensive und instabile Beziehungen
- Ein Wechsel zwischen Idealisierung und Abwertung (Spaltung)
- Angst davor, verlassen zu werden und Angst vor Nähe

5. Störungen auf der Verhaltensebene:

- Impulsive und potenziell selbstschädigende Verhaltensweisen
- Hochrisikoverhalten

Wie genau sich diese Probleme bei Borderlinern bemerkbar machen, sieht man, wenn man die neun Hauptsymptome der Störung genauer betrachtet.

Verzweifeltes Bemühen, tatsächliches oder vermutetes Verlassenwerden zu vermeiden

Ein Borderliner ist aufgrund seiner gestörten „Ich-Wahrnehmung" nicht in der Lage, alleine ein Gefühl für die Realität seiner Existenz zu entwickeln. Die Fähigkeit, sich allein als Individuum wahrzunehmen, setzt eine innere Sicherheit voraus. Diese innere Sicherheit hat ein Borderliner aufgrund seiner frühkindlichen Entwicklung nicht.
Grundsätzlich ist der Betroffene ständig auf der Suche nach Geborgenheit und Verständnis. Wenn ihm dies ein Mensch geben kann, versucht der Betroffene eine tiefe Verbindung zu dieser Person herzustellen (Symbiose). Eine wichtige Rolle in dieser Verbindung spielt die Fähig-

keit, nicht anwesende Personen trotzdem zu spüren (im Herzen zu tragen). Dies geschieht in der Regel mit Hilfe von Erinnerungen wie Bildern, Objekten, die dem Partner gehören, oder durch verbundene Emotionen wie Erwartung und Sehnsucht. Da Borderliner nur in der symbiotischen Bindung Zugriff auf ihre Emotionen haben, wird oft schon ein vorübergehendes Fehlen des Verbundenheitsgefühls als dauerhafte Isolation wahrgenommen. Aus diesem Grund erleben Borderliner immer wieder eine starke Angst, von diesen Bezugspersonen verlassen zu werden, wenn die Ausbildung dieser festen Verbundenheit ausbleibt. Diese Angst sorgt dafür, dass der Betroffene verzweifelt versucht, das Verlassenwerden zu verhindern. Oft werden dabei Mechanismen wie Manipulation, Drohung und Druck eingesetzt, oder es kommt zur Abhängigkeit, die bis zur absoluten Selbstaufgabe führen kann.
Wie der Betroffene diese Verlustangst wahrnimmt, hängt davon ab, wie das Verhalten der Eltern gegenüber dem Kind während der frühkindlichen Entwicklungsphase war. Eine grundlegende Rolle spielt dabei, wie Abhängigkeit, Gehorsam und Unterordnung erlebt wurden. Ein Borderliner reagiert dabei jedoch nicht nur auf die objektive Realität, sondern auch auf subjektive, fantastische Wahrnehmung, die auch positiv gemeinte Bemühungen im Erleben ganz anders darstellen kann. Werden Borderliner trotz ihrer Bemühungen letztendlich doch verlassen, erleben sie extrem intensive emotionale Krisen, die wiederum andere Muster in ihnen aktivieren.

Borderliner sind ständig auf der Suche nach Geborgenheit, Verständnis, Aufmerksamkeit und Vertrauen. Ein Streit löst diese Verlustängste besonders stark aus. Es ist dabei vollkommen irrelevant, wer der Auslöser der Auseinandersetzung war. Gerade in dieser Situation braucht der Betroffene Aufmerksamkeit und Zuneigung, welche er dann, verständlicherweise, nicht bekommt. Um sich zu schützen, flüchtet sich der

Borderliner gerne ins andere Extrem und wertet den Partner energisch, bis hin zur Abspaltung, ab.

Instabile, intensive Beziehungen

Ein Muster instabiler, aber intensiver zwischenmenschlicher Beziehungen, das durch einen Wechsel zwischen den Extremen der Idealisierung und Entwertung gekennzeichnet ist.

Betroffene zeigen manchmal einerseits eine überdimensionale Angst vor Trennungen und andererseits Furcht, Intimität zuzulassen. Dies führt zu instabilen Beziehungen. Der permanente Wunsch nach Nähe, Geborgenheit und danach, versorgt zu werden, geht mit der Angst einher, völlig vereinnahmt zu werden, was ein ständiges „Tauziehen“ dieser beiden Extreme bedeutet. Borderline-Beziehungen folgen immer dieser bestimmten Dialektik, also einer Abfolge von Widersprüchen. Häufig haben Betroffene einfach eine zu große Panik davor, nahestehende Personen an sich heranzulassen, aus Angst, sich so stark an andere Menschen zu binden, dass eine Trennung neue seelische Narben hinterlassen könnte.
Diese Probleme müssen nicht in allen Formen der zwischenmenschlichen Beziehungen auffällig werden. Borderliner sind in der Regel nicht so stark sozial gestört, dass sie nicht erfolgreich im Berufsleben sein können. Die Probleme entstehen nahezu ausschließlich in persönlichen, emotionalen Bindungen. Je intensiver oder intimer die Verbindung wahrgenommen wird, umso heftiger reagiert der Betroffene auch in seiner Zurückweisung. Für gewöhnlich nimmt der Borderliner diesen Widerspruch selbst wahr, was zusätzlich schwer für ihn zu ertragen ist.

Für die Partner ist dieser ständige Wechsel zwischen Wunsch nach Nähe und Distanz schwer zu verstehen. Werden die widersprüchlichen

Bedürfnisse von der Umgebung nicht erfüllt, kommt es seitens des Borderliners rasch zu einer Abwertung. Instabile, kurze Beziehungen sind die Folge. Kleinste Zurückweisungen werden als Enttäuschung erlebt und führen in Beziehungen schnell zu einem generellen Misstrauen, das sich mit jeder Wiederholung zu einem Menschenhass (Misanthropie) entwickeln kann.

Angehörige und Partner von Borderlinern wissen oft nicht mit diesem ständigen Wechsel von Idealisierung und Abwertung umzugehen. Entweder reagieren sie mit übertriebener Anteilnahme und Rücksichtnahme oder mit Unverständnis, was der Borderliner ebenfalls nicht ertragen kann. Für sie ist Fürsorge eine Gratwanderung zwischen zu viel und zu wenig.

Typische Muster in der Borderline-Beziehung:

- Kontakte werden nicht gepflegt. Oft melden sie sich mehrere Tage, Wochen, Monate nicht bei angeblich nahestehenden Personen.
- Flucht! Borderliner neigen dazu, die Beziehung oder auch die nähere Umgebung zu verlassen, ohne eine Aussprache zu suchen. Sehr oft kommt der Wunsch auf, irgendwo auf der Welt ein neues Leben zu beginnen.
- Manipulatives Verhalten aus Kontrollbedürfnis, den Partner bei sich zu halten, ohne ihn näher an sich heranzulassen. Oft verbunden mit der Androhung von Trennung, Selbstverletzung oder Suizid.

Die Bindungen werden auch unterschiedlich intensiv wahrgenommen. Sie sind abhängig davon, welche Funktion diese Bindung für den Betroffenen zu erfüllen hat. Die Kontinuität von Bindungen ist von der grundsätzlichen Akzeptanz des Partners abhängig. In jeder Beziehung

tauchen nach einiger Zeit Widersprüche und Störungen auf und können nur durch „Verhandlungen" aufgelöst werden, womit die Beziehung dann immer wieder neu definiert werden muss.
Die Sprunghaftigkeit in engen Beziehungen wirkt sich sogar auf die Zusammenarbeit mit Therapeuten aus. Auch hier kann der Betroffene von anfänglicher Idealisierung bis hin zu Abwertung und totaler Ablehnung reagieren. Deshalb brechen viele Patienten die Therapie ab oder können sich nicht erfolgreich auf die Bemühungen des Therapeuten einlassen.

Identitätsstörungen – die Schwierigkeit zu beschreiben, wer und wie ich in Wirklichkeit bin

Ein stabiles Identitätsgefühl zu haben ist Voraussetzung, andauernd in grundlegender Übereinstimmung mit sich selbst zu sein. Wenn man aufgrund seiner Entwicklung ein unsicheres oder gar kein Identitätsgefühl besitzt, dann fehlt dieses Gefühl der Übereinstimmung mit sich selbst.

Genauso wie Betroffene andere Menschen als „nicht immer gleich" erleben, sind sie auch von sich selbst, aufgrund der fehlenden eigenen Identität, oft irritiert. Dies wirkt sich in allen Bereichen aus, in denen der Betroffene eine Entscheidung treffen muss, die besonders Langzeitziele betreffen.

Das „Ich" beinhaltet folgende Elemente:

- Das Selbstbewusstsein (Wer bin ich?)
- Der Selbstwert (Was bin ich mir und anderen Wert?)
- Das Selbstbild (Wie nehme ich mich wahr?)

Bezüglich ihrer eigenen Selbstbewertung und ihrer Eigenschaften besitzen Borderliner eine stark schwankende Wahrnehmung. Auch dort erleben sie nur Extreme, die von überkompetent bis hin zu schlichtweg dumm und unfähig wechseln. Borderliner fühlen sich dann nie als das, was sie einmal waren oder momentan sind. Sie befinden sich in der Not, sich ständig neu beweisen zu müssen.

Gerade durch dieses Verhaltensmuster wirken Betroffene beständiger, als sie in Wirklichkeit sind. Die Unsicherheit sich selbst gegenüber kann durch ihre Hartnäckigkeit immer wieder kompensiert werden, ohne jedoch langfristig eine Verbesserung zu bewirken.

In andauernden Phasen gefühlter Leere kann es aufgrund der fehlenden „Ich-Identität" zu größeren dissoziativen Symptomen kommen. Das bedeutet, dass man keinerlei Bezug mehr zu sich und seinem Körper hat und sich selbst nur „von außen" wahrnimmt. Man fühlt sich fremd in sich selbst, und oft haben Betroffene das Gefühl, sich nur durch Selbstverletzung wieder in Einklang zu bringen. Besonders auffällig ist die fehlende „Ich-Identität" in der Sprunghaftigkeit der Betroffenen. Es fällt ihnen schwer, eine eigenständige Meinung zu bilden und diese auch dauerhaft zu vertreten.
Diese Wechselhaftigkeit der Gefühle oder Entscheidungen wirkt auf Angehörige und Partner sehr irritierend. Wenn man Betroffene jedoch auf diese Eigenschaft anspricht, reagieren sie für gewöhnlich nicht sehr zugänglich auf diese Kritik. Der Borderliner entscheidet in der Regel impulsiv so, wie es ihm gerade geht, was natürlich von einem Moment zum nächsten anders sein kann.

Selbstschädigendes Verhalten

Hier sind vor allem potenziell selbstschädigende, häufig impulsive Handlungen gemeint, wie zum Beispiel: übermäßiges Geldausgeben, häufig wechselnde sexuelle Kontakte, Drogenmissbrauch, Diebstahl, rücksichtsloses Fahren und Essstörungen. Selbstverletzendes Verhalten gehört hier nicht dazu, sondern stellt ein eigenes Diagnosesymptom dar. Der Grund, warum Borderliner auf selbstschädigendes Verhalten zurückgreifen, ist sehr unterschiedlich. Einige Betroffene haben den Drang, fast allem aus dem Weg zu gehen. Dieser Mechanismus lässt sich mit Alkohol- und Drogenmissbrauch aufrechterhalten. Die Suchtanfälligkeit ist bei Borderlinern im Vergleich zu „normalen" Menschen ungleich höher. Meist führt dies zu einer Verschlechterung des Selbstwerterlebens, was letztendlich die anderen Symptome der Störung noch verstärkt.

Es ist große Hilflosigkeit, die Betroffene zu diesem Verhaltensmuster treibt, das ihnen langfristig mehr schadet, als es ihnen kurzfristig helfen konnte.

Sehr häufig kommt es zu Essstörungen, wie übertriebenes, absichtliches Hungern oder Fressanfälle. Die meisten Borderliner, die ich kenne, leiden an einer Essstörung. Die Essstörung an sich gilt zwar nicht als eines der neun Hauptsymptome, zählt aber zum selbstschädigenden Verhalten. Nicht jeder, der eine Essstörung hat, ist Borderliner und umgekehrt.
Durch impulsive Kaufräusche wird versucht, sich kurzfristig Glücksgefühle zu verschaffen. Man kann auf fast alles eine stoffliche oder nichtstoffliche Sucht entwickeln. Was jedoch bei Borderlinern auffällig häufig vorkommt, ist das Wechseln zwischen den verschiedenen „Methoden". Wenn sich der Betroffene zum Beispiel bewusst wird, dass sein Alkoholkonsum überhand nimmt, kann er den Alkohol jederzeit

durch anderes selbstschädigendes Verhalten ersetzen. Oft ist ihm dies nicht einmal bewusst. Es kommt auch häufig vor, dass man, je nach Ursache, auf eine andere Sucht zurückgreift.

Selbstverletzendes und suizidales Verhalten

Borderliner neigen zu suizidalen Handlungen, Selbstmordandeutungen oder -drohungen und selbstverletzendem Verhalten.

Wiederholte Suizidgedanken sind für Betroffene ständige Begleiterscheinungen, die sich häufig, insbesondere in Stresssituationen, passiv aufdrängen. Sie heften sich dabei oft an innere Spannungszustände, wobei die Vorstellung entsteht, dass dieser Spannung nur durch Suizid entgangen werden kann. Etwa 10 % der Betroffenen sterben an ihren Suizidversuchen. Darum sind Ankündigungen in dieser Richtung sehr ernst zu nehmen. Häufig jedoch drohen Borderliner, besonders im Hinblick auf Trennung, mit Selbstmord, um das tatsächliche Verlassen werden zu verhindern. Es muss sich bei geäußerten Selbstmordandrohungen also nicht immer auch um ernst gemeinte Suizidgedanken handeln.

Für Betroffene ist es zwingend erforderlich, sich bei aufkommenden Suizidgedanken Hilfe zu suchen.
Selbstmordgedanken kennt vermutlich jeder Borderliner. Manchmal können sie auch auf eine Weise tröstlich sein: als Wissen, dass man letztendlich wenigstens diese Sache selbst bestimmen kann. Auf Selbstmordgedanken folgt keineswegs immer auch ein tatsächlicher suizidaler Versuch.

Selbstverletzendes Verhalten gilt in der Gesellschaft als bekanntestes Symptom der Borderline-Persönlichkeitsstörung. „Schneiden“ oder

„Ritzen“ ist die am häufigsten angewandte Form der Selbstverletzung, es gibt jedoch unzählige weitere Arten, wie zum Beispiel das absichtliche Herbeiführen von Verbrennungen oder das Schlagen gegen Wände. Viele Betroffene sehen darin die einzige Möglichkeit, die Verringerung innerer Spannungen zu erreichen.
Die Selbstverletzungen, egal in welcher Form, sind weniger mit dem Erleben von Schmerzen verbunden, sondern vielmehr mit einem Gefühl der Erleichterung und des Druckabbaus. Die Wirksamkeit des selbstverletzenden Verhaltens hängt stark mit der Ausschüttung körpereigener Morphine, den sogenannten Endorphinen (Endomorphine), zusammen, und ist somit auch pathologisch nachgewiesen. Aus diesem Grund kann selbstverletzendes Verhalten fast den Charakter einer Sucht bekommen. Natürlich lösen sich durch Selbstverletzung keine Probleme und es entsteht langfristig mehr Schaden durch dieses Verhalten, als es eventuell kurzfristig Hilfe verschafft.
Viele Betroffene entwickeln aufgrund ihres Dranges ein extremes Schamgefühl, denn häufig treffen diese Verhaltensweisen bei den Betroffenen selbst, aber auch bei anderen auf Ablehnung. Die Folge ist, dass die Konsequenzen verborgen werden. Die Verstärkung des Gefühls der Einsamkeit ist wiederum die Folge.

Selbstverletzendes Verhalten ist eines der Hauptsymptome, die ein Borderliner haben kann, aber (wie bei allen erwähnten Symptomen) nicht zwingend haben muss. Es gibt erstaunlich viele Betroffene, die nie auf selbstverletzendes Verhalten zurückgegriffen haben, oder dieses Verhalten im Laufe der Zeit ablegen. Umgekehrt ist es wahrscheinlicher, dass Menschen, die sich selbst verletzen, an Borderline leiden. Jedoch gibt es in der Entwicklung eines Menschen eine Phase, in der auch gesunde Heranwachsende gelegentlich auf Selbstverletzung zurückgreifen, ohne weitere Symptome einer Borderline-Persönlichkeitsstörung aufzuweisen.

Affektive Instabilität infolge einer ausgeprägten Reaktivität der Stimmung

Stimmungswechsel sind durchaus normale Vorgänge, die bei jedem Menschen häufig vorkommen. Für gewöhnlich sind innere und äußere Bedingungen für unsere wahrgenommenen Stimmungen verantwortlich. Borderliner reagieren auf äußere oder innere Reize extrem. Durch ihre Wahrnehmung fühlen sie sich schnell verletzt oder angegriffen und werden aggressiv. Durch ihre Unbeständigkeit fällt es Ihnen schwer, sich Ziele zu setzen und so fühlen sie sich oft wertlos und verzweifelt. Problematisch ist besonders, dass extrem ambivalente Gefühle zur selben Zeit wahrgenommen werden können, was sich in einer deutlich zu bemerkenden Instabilität der Stimmungen bemerkbar macht. Ein Borderliner kann eine Person zur selben Zeit lieben und hassen. Der Wechsel zwischen Euphorie und Depression kann innerhalb von Sekunden stattfinden, sodass es dem Umfeld unmöglich ist, darauf adäquat zu reagieren.

Borderliner können Gefühle nur in Extremen wahrnehmen. Gefühle, wie zum Beispiel Liebe, Wut, Schuld oder Trauer wirken, wenn sie der Betroffene endlich fühlen kann, so stark, dass er den daraus resultierenden Stimmungsschwankungen vollkommen ausgeliefert ist. Zu einer vernünftigen Stimmungsregulierung, wie es gesunde Menschen beherrschen, ist ein Borderliner schon alleine deshalb nicht fähig, weil er von seinen Empfindungen überschwemmt wird. Da nur extreme Gefühle registriert werden, bedeutet jede emotionale Wahrnehmung Stress.

Verständlicherweise reagieren Partner oder Angehörige auf diese plötzlich auftretenden Stimmungsschwankungen mit Unverständnis oder Sorge, was alle vorherrschenden Symptome noch verstärkt.

Chronisches Gefühl der Leere

Das chronische Gefühl der Leere ist eines der Symptome, unter denen Borderliner am heftigsten leiden und das zugleich eines der größten Rätsel für Angehörige ist. Eben noch befand sich der Betroffene in einem wahren Gefühlschaos, überfordert von den Emotionen, die fast minütlich wechselten. Er litt darunter, aber wenigstens fühlte er sich dadurch auch lebendig. Er hatte Zugriff auf seine Seele, konnte sich spüren. Durch den idealisierten Partner konnte der Borderliner sich die „schönen" Gefühle wie Liebe, Freude, Stolz und Geborgenheit spiegeln lassen und fühlte sich damit komplett. Gerne nahm er auch die anderen, negativen Emotionen in Kauf, die durch die damit verbundene Verlustangst ausgelöst wurden. Das Leben glich zwar einer Achterbahnfahrt, aber wenigstens fühlte er sich selbst, ohne auf destruktive Mittel wie Selbstverletzung zurückgreifen zu müssen.

Wenn das Gefühl der innigen Verbindung zu einem Menschen schwindet, gibt es bei einem Borderliner zwei Möglichkeiten, damit umzugehen. Der Betroffene wertet den Partner ab und baut Hassgefühle gegen ihn auf. Die Person, die eben noch alles für einen bedeutete, wird nur noch als negativ wahrgenommen. Man sagt auch umgangssprachlich, dass sie von „weiß" zu „schwarz" wird. Der Betroffene versteht sich selbst nicht mehr und versucht Distanz zu schaffen. Hass und Wut sind zwar negative Emotionen, die kein Mensch gern durchlebt, aber wenigstens sind es Gefühle, die er bei sich wahrnimmt.

Viel schlimmer wird es für einen Borderliner, wenn er in dieses berüchtigte Gefühl der Leere abgleitet. Man kann es so beschreiben, dass man sich selbst nicht mehr richtig wahrnehmen kann. Man verliert jeden Bezug zu sich selbst und zu seinem Körper. Egal was passiert, man fühlt nichts mehr. Alles, was man zuvor an Gefühlen erleben konnte, wird durch einen Zustand ersetzt, der sich am besten mit „es ist alles egal“ oder „nicht existent“ erklärt werden kann. Nichts hat mehr eine Bedeutung. Egal ob Gutes oder Schlechtes passiert, es bewegt den Betroffenen nicht mehr. Wenn er von Situationen erzählt, die ihm passiert sind, klingt es, als würde er einen Bericht aus der Zeitung vorlesen. Er hat keinen emotionalen Bezug mehr zum Erlebten.

Das Entsetzliche daran ist, dass es dadurch auch keine Lebensfreude mehr gibt. Alles, woran man früher Freude hatte, verliert jegliche Bedeutung. Eine richtige Interaktion mit anderen Menschen ist nicht mehr möglich.
Es ist schwer für gesunde Menschen, sich vorzustellen, wie sich diese Leere im Körper anfühlt, denn es gilt als normal, dass man immer Zugriff auf seine Emotionen hat. Doch bei einem Borderliner ist diese Leere leider ein häufig anzutreffender Zustand.

Beispiel eines Dialoges, der diesen Zustand weiter erläutern soll:

Therapeut: „Wie geht es Ihnen heute?“
Patient: „Gut, etwas müde!“
Therapeut: „Oh gut, dann beschreiben sie mir doch einmal … wie fühlt sich diese Müdigkeit an, wo fühlen Sie sich müde?“

Der Patient versucht nun, in sich hineinzuschauen und diese Müdigkeit zu fühlen, ist jedoch nicht dazu in der Lage. Es ist, als würde er auf einem weißen Blatt Papier nach einem Text suchen, der dort angeblich stehen soll. Weil er unfähig ist zu fühlen, hat er das Gefühl der Müdigkeit durch seinen Verstand erklärt und deswegen entsprechend geantwortet. Da er nur wenige Stunden geschlafen hat, ging sein Verstand davon aus, dass er müde sein müsste. Er ist es vermutlich auch, aber er kann es nicht wahrnehmen.

Da in dieser Leere keine Freude und somit auch keine Lust auf das Leben möglich ist, kommt es in solch einer Phase vermehrt zu dysfunktionalem Verhalten wie Selbstverletzungen, Hochrisikoverhalten oder sogar Suizid.

Unangemessene, heftige Wutausbrüche

Borderliner haben Probleme damit, ihre Emotionen in angemessener Form zu regulieren. Da sie von den Gefühlen, die in ihnen extrem und plötzlich auftreten, regelrecht überschwemmt werden, reagieren sie auf äußeren und inneren Druck impulsiv und häufig der Situation unangemessen intensiv.

Emotionen spielen in zwischenmenschlichen Beziehungen eine sehr große Rolle und spiegeln unsere Grundeinstellungen und Erwartungen wider. Durch die fehlende „Ich-Struktur" des Borderliners und seine instabile Gefühlswelt ist es dem Betroffenen nicht möglich, auf Situationen, die ihn bewegen, angemessen und zielgerichtet zu reagieren.

Unser emotionales Gedächtnis verbindet bestimmte Emotionen mit Situationen aus der Vergangenheit. Dadurch werden bestimmte Verhaltensmuster aktiviert, die unserem Schutz dienen sollen. Aufkommende Wut zum Beispiel führt zu Kampfbereitschaft. Wir gehen automatisch in Verteidigungshaltung oder versuchen, durch Präventivaktionen, einem drohenden Angriff zu entgehen. Dieses Verhalten wird auch durch Angst ausgelöst, die uns Gefahr signalisiert.

Bei Borderlinern nehmen diese Ängste häufig existenzielle Ausmaße an und haben oft keinen logisch nachvollziehbaren Hintergrund. Es entsteht eine große innere Anspannung. Je näher die Person dem Betroffenen steht, desto heftiger ist die Reaktion auf die ausgelösten Emotionen.

Für das Umfeld des Betroffenen sind diese impulsiven Wutausbrüche nicht nachvollziehbar und extrem überzogen. Sie nehmen die Reaktion als unpassend und unangemessen wahr und reagieren auf den unverständlichen Angriff des Borderliners mit Gegenwehr. So entstehen heftige Konflikte, die in Trennung oder gar Handgreiflichkeiten enden. Ist die Wut vorbei, fühlt sich der Borderliner oft schuldig und schämt sich für sein Verhalten. Er fühlt sich dann schlecht oder unwürdig.

Misstrauen, paranoide Symptome und Dissoziation

Borderline hat nichts mit der paranoiden Psychose zu tun, allerdings fällt es Borderlinern sehr schwer, Vertrauen aufzubauen. Phasenweise misstrauen sie jedem und in Krisen ist es unmöglich, an sie heranzukommen. Ihr gesamtes Umfeld erscheint böse und sie fühlen sich von allen anderen Menschen verfolgt, auch wenn es sich nur um ehrlich gemeinte Sorge handelt. Dieses Verhalten ähnelt der Paranoia, aber es handelt sich dabei nur um temporär auftretende, paranoide Symptome.

Im Bewusstsein des Borderliners entstehen schnell solche Gedanken wie: „Alle haben etwas gegen mich!“ oder „Alle wollen nur, dass es mir schlecht geht!“ Gerade durch eventuell vorhandene Narben (durch selbstverletzendes Verhalten entstanden), gehen die Gedanken auch in die Richtung: „Man sieht mir meine Krankheit an!“ oder „Die denken alle, ich bin gestört!“

Borderliner haben einen komplizierten Bezug zu sich selbst. Oft haben sie das Gefühl, sich wie in einem Film zu befinden. Am besten beschreibt man diese dissoziativen Symptome mit einem Videospiel, in dem man einen Charakter aus der Perspektive der dritten Person steuert. Der Betroffene hat keine Verbindung mehr zu sich und seiner Umwelt. Eine Realitätskontrolle ist nicht mehr möglich, da der Bezug zur Wirklichkeit komplett abhandengekommen ist. Ein Betroffener, der sich in einer Dissoziation befindet, wirkt fahrig und nicht wirklich ansprechbar. Er kann Gesprächen nur noch schwer folgen und wirkt abwesend. In dieser Phase empfindet man Borderliner als kalt, emotionslos und unbeteiligt. Oft suchen Betroffene durch Selbstverletzung einen Weg aus diesen dissoziativen Phasen, denn durch Schmerz finden sie wieder Bezug zu ihrem Körper und somit zu sich selbst.

Unabhängig von den typischen Symptomen, treten bei Borderlinern meist noch andere Symptome auf, die nur am Rande etwas mit der Borderline-Persönlichkeitsstörung zu tun haben. Üblicherweise handelt es sich dabei häufig um:

- Depressionen
- Suchtverhalten
- Realitätsverlust/Derealisation
- Verlust des Persönlichkeitsgefühls/Depersonalisation
- Ängste
- Hysterie
- typisches Schwarz-Weiß-Denken
- Zwänge und Rituale
- psychosomatische Symptome
- Angriffe zur Prävention vor dem Verletztwerden
- Gefühlsstörungen
- gestörtes Sozialverhalten
- Essstörungen
- Kontaktarmut – Abbruch von Kontakten

Psychodynamische Abwehrmechanismen

Borderliner leiden selbst am meisten unter den eben näher beleuchteten Symptomen. Dieses Leid kann für sie existenzbedrohende Ausmaße annehmen. Wie jeder Mensch versuchen auch sie, Situationen, die ihnen wehtun, zu verarbeiten. Allerdings haben sie nie gelernt, dies auf gesunde und vernünftige Weise zu bewältigen.

Abwehr ist ein unbewusster Prozess, der gefährliche, peinliche, schmerzliche und unerträgliche innere Vorgänge und Konflikte vom Bewusstsein fernhält. Durch den Umweg über Symptombildungen, durch „schlechte Kompromisse" und Scheinlösungen dringt nur ein kleiner Teil des Konfliktes ins Bewusstsein vor. Es gehört zur Natur der Abwehrmechanismen, dass man sich ihrer, selbst wenn man sie aktiv einsetzt, nicht bewusst ist und ihre Existenz von der betroffenen Person geleugnet oder sogar aggressiv abgelehnt wird.

ABWEHR IST NICHT KRANKHAFT: Wären wir uns ständig unserer inneren Konflikte und triebhaften Motive voll bewusst, würde dies die Handlungsfähigkeit enorm einschränken. In dem Moment der spontanen Handlung ist sich kaum ein Mensch seiner wahren Motive voll bewusst. Fragt man im Nachhinein nach den Gründen für eine Handlung, erhält man zwar Erklärungen, die plausibel klingen, diese werden aber erst im Nachhinein „zusammengedichtet" (rationalisiert).

Abwehr ist also ein sehr kreativer und wichtiger Prozess. Das wurde auch in der psychoanalytischen Theoriebildung früh erkannt. Anfänglich empfand Sigmund Freud, der Begründer der Psychoanalyse, die Abwehr jedoch als störend, weshalb er für diesen Mechanismus ein Wort gewählt hat, das auch heute noch viele Hörer oder Leser als negativ empfinden. Bald darauf erkannte er, dass die Abwehr ein kreativer, normaler und gesunder Vorgang ist. Alle psychischen Vorgänge und Verhaltensweisen (Hobby, Tagträumerei, großes berufliches oder soziales Engagement) sind zu einem gewissen Teil als Abwehr (oder zur Heilung?) innerer Konflikte ins Leben gerufen. Es handelt sich also um einen wichtigen Motor des individuellen, kulturellen, wirtschaftlichen und sozialen Lebens.

Wenn ein Abwehrmechanismus allerdings starr und immer wieder angewandt und dadurch die geistige Beweglichkeit eingeschränkt wird und eine Person in ihrem Leid verharrt, wirkt die Abwehr symptomfixierend und ist Ausdruck einer psychischen Störung.

Welche Abwehrformen und welche anderen Neurosemechanismen gibt es?

VERDRÄNGUNG: Beim Abwehrmechanismus Verdrängung werden konflikthafte Affekte, Kognitionen oder einfach nur tabuierte und bedrohliche Vorstellungen, also etwas ursprünglich Bewusstes, aktiv in das Unbewusste verschoben, sozusagen aktiv aus der Wahrnehmung ausgeblendet und vom Bewusstsein ferngehalten. Es wird so vergessen, was wir nicht wahrhaben wollen, weil es unser Selbstgefühl stört. Jedoch ist Verdrängtes nicht wirklich vergessen. Wenn ich etwas vergesse, dann ist es auch tatsächlich weg. Die Ursachen sind weg, die Folgen und auch die Reaktionen. Denn ohne Ursprung gibt es keine Folgen. Bei der Verdrängung bleiben die Probleme und Konflikte jedoch ungelöst. Zwar beschäftigen sie uns nicht mehr bewusst, aber sie schwelen unkontrolliert weiter.

Einzelne Elemente des Verdrängten können darum immer wieder belastend auftreten, ohne dass der Symptomträger dies erklären oder verstehen könnte.

Beispiel: Ich lerne jemanden kennen und empfinde Zuneigung. Aus Angst, sich in einer näheren Beziehung zu verlieren, verdränge ich die Gefühle und streiche sie aus meiner Wahrnehmung. Mein Kopf ersetzt diese Gefühle, wenn ich darüber nachdenke, finde ich viele Gründe, warum ich keine Zuneigung empfinde, auch wenn sie tatsächlich da ist.

Es handelt sich bei der Verdrängung im Grunde immer um einen Konflikt zwischen unseren Triebwünschen und den Regeln, die uns die Gesellschaft oder wir selbst uns auferlegen. Das Problem ist, dass der Widerstand dagegen in der Verdrängung erhalten bleibt. Im Unbewussten bleiben die Spuren des Kampfes für immer eingegraben. Dass nichts wirklich vergessen worden ist, zeigen manchmal Träume und die Möglichkeit, durch sogenannte Flashbacks an die Situation erinnert zu werden. Die Verdrängung erhält nicht nur die Probleme, für die man eigentlich eine Lösung suchte, sie kostet auch zusätzliche Kraft. Das Verdrängte sucht sich ständig seinen Weg zurück in unser Bewusstsein. Es muss also weiterhin unterdrückt werden, damit es uns nicht erneut verstört. Die Anstrengung, die dies erfordert, ist manchmal so groß, dass man sich aus seinem gewohnten Lebensumfeld lösen muss. Verdrängung geht also oft einer Flucht voraus und unterstützt, wie die meisten Abwehrmechanismen, die Spaltung.

VERLEUGNUNG: Der Abwehrmechanismus Verleugnung wirkt sich ähnlich aus wie die Verdrängung. Trotz „klarer Indizien" wehren sich die Betroffenen hartnäckig vor der Bewusstwerdung innerer Konflikte. Es kann also mittels Verleugnung die Wahrnehmung realer Sinneseindrücke und deren Bedeutung für das Individuum ignoriert werden. Verleugnung ist also eine spontan einsetzbare, bewusste Schutzreaktion, mit der Borderliner einer unangenehmen Wahrheit die Aufmerksamkeit entziehen können. Anders als bei dem psychodynamischen Schutzmechanismus Verdrängung, ist bei der Verleugnung eine dauerhafte Verschiebung ins Unbewusste nicht möglich. Ein weiterer Unterschied zwischen diesen beiden Abwehrmechanismen ist, dass sich die Verdrängung als ein Bewältigungsprozess gegen spezifische Inhalte richtet (zum Beispiel nicht zulässige aggressive oder libidinöse Triebregungen), während die Verleugnung als eine spontane Schutzreaktion breitere Realitätsausschnitte ausblendet. Außerdem wird Verleugnung in der Regel bewusst eingesetzt, Verdrängung eher unbewusst.

Borderliner setzen die Verleugnung oft ein, damit die Spaltung aufrechterhalten werden kann. Dabei werden Tatsachen, die gegen die Idealisierung oder die Abwertung sprechen, ausgeblendet. Der Betroffene baut sich also seine eigene Realität, die er in diesem Moment auch so empfindet.

Beispiel: Auch wenn ich weiß, dass körperliche Symptome auf Überanstrengung oder Mangelernährung zurückzuführen sind, suche ich für mich andere logische Erklärungen, warum es mir aktuell schlecht geht. Ich schaffe mir auf diese Weise meine eigene Realität.

REGRESSION: Auf einen inneren oder äußeren Konflikt reagieren die Betroffenen mit einem Rückzug in infantile Verhaltensweisen (Denken, Fühlen, Problemlösungsstrategien usw.), wodurch sie sich der Verantwortung als erwachsene Menschen entziehen können. Dies geschieht jedoch nicht bewusst oder absichtlich.

Beispiel: Man will einen Brief auf dem Computer schreiben und kommt mit der Formatierung der Textsoftware nicht zurecht. Wütend beschimpft man den PC, schlägt auf ihn ein. Man behandelt den Computer also, als wäre er ein Lebewesen, das einen nur ärgern will. Dieses Verhalten, leblosen Dingen ein Eigenleben zu unterstellen, ist eine typisch kindliche Reaktion.

PROGRESSION: Die Umkehrung der Regression ist ein übertriebenes Erwachsenengehabe, indem die Betroffenen so tun, als könnten sie alles verstehen, alle trösten, alle retten, jedem verzeihen, für jeden elterlich verantwortlich sein. Damit machen sie sich für allgemein menschliche Konflikte und „niedere Regungen“ unangreifbar.

Beispiel: Ich versuche mir bewusst zu machen, dass mein Verhalten dem anderen schadet. Dies muss dabei nicht rational begründet sein. Es reicht mein Empfinden. „Ich bin einfach nicht gut für andere Menschen, ich tue anderen nur weh! – Darum muss ich sie schützen, indem ich den Kontakt beende.“

WENDUNG INS GEGENTEIL (Reaktionsbildung): Borderliner sind oft von Gefühlen überfordert. Sie können mit wahrgenommenen Emotionen nicht umgehen oder empfinden sie als unangebracht. Bei der Reaktionsbildung werden diese nicht akzeptierten Impulse mit entgegen gesetzten Gefühlen besetzt und somit niedergehalten.

Dieser Vorgang kann zum Teil bewusst eingesetzt werden und zwingend notwendig sein. Zum Beispiel dann, wenn ein Arzt eine attraktive Patientin untersucht. Die entstehenden Triebimpulse werden bewusst umgewandelt, damit es einem sozial erwünschten Verhaltensmuster entspricht.

Borderliner setzten die Reaktionsbildung bevorzugt in zwischenmenschlichen Situationen bewusst ein. Wenn sie beispielsweise mit entstandenen Liebesgefühlen überfordert sind, wandeln sie diese ins genaue Gegenteil um. Aus Liebe wird Hass. Auf diese Weise kann Reaktionsbildung perfekt zusammen mit dem Mechanismus Spaltung genutzt werden. Aus Liebe wird Hass und dieser Hass ermöglicht die Abspaltung und Entwertung des Gegenübers.

Gerade wenn Emotionen existenziell bedrohlich erscheinen, wie es oft bei Trauer, Angst und Scham der Fall ist, wird oft unbewusst auf den Mechanismus Reaktionsbildung zurückgegriffen. Bei unbewusster Reaktionsbildung werden ebenfalls die vorherrschenden Gefühle ins Gegenteil umgewandelt; bevorzugt in Verhaltensmuster, mit denen der Betroffene besser umgehen kann. Die neuen, ersetzten Gefühle müssen kognitiv nicht nachvollziehbar sein, denn es geht dabei lediglich darum, emotionalen Druck abzubauen. Sie wirken darum nach außen oft unangebracht.

Zum Beispiel kann ein Betroffener, bei dem eine nahestehende Person gestorben ist, die empfundene Trauer, die ihn überfordert, in Wut und Hass umwandeln. In ihm entsteht Wut auf die verstorbene Person, weil er von ihr verlassen wurde.

Durch dieses Deckeln von Gefühlen entsteht ein problematischer Nebeneffekt. Wenn man versucht, sich von den nun empfundenen Gefühlen Linderung zu verschaffen, ist es meist nicht möglich, da diese Situation nichts mit der wahrgenommenen Situation zu tun hat.

In dem Beispiel mit dem nahestehenden Verstorbenen ist es nicht hilfreich, sich mit der Wut auseinanderzusetzen, denn die tatsächlich vorherrschende Emotion ist die Trauer. Aus diesem Grund setzen Borderliner in der Regel nie nur den Schutz der Reaktionsbildung ein, sondern greifen auf mehrere Abwehrmechanismen gleichzeitig zurück.

PROJEKTION: Bei der Projektion werden eigene Konflikte, Ängste, problematische und abgelehnte Charakterzüge und Aggressionen bei der eigenen Person verleugnet und stellvertretend dafür bei anderen „erkannt“ und bei ihnen kritisiert und thematisiert.
Durch Projektion vermindert man Konflikte, die eigentlich in einem selbst entstehen und wirken. Borderliner setzen diesen Abwehrmecha-

nismus ein, um das Bild von sich selbst übersichtlich und widerspruchsfrei zu erhalten, da sie mit diesen Impulsen bei sich nicht umgehen können. Da ihnen eine Auflösung des eigenen Konfliktes nicht möglich ist, oder sie es sich rational nicht erklären können, warum sie so fühlen, projizieren sie, bevor sie durch die heftigen Gefühlsregungen in Not geraten. Die Wahrnehmung des Gegenübers wird dadurch jedoch stark verzerrt. Negative Impulse, die man an sich selbst nicht wahrhaben will, werden auf andere übertragen, was eine Abwertung für die meist folgende Spaltung vereinfacht.

Beispiel: Ich fühle eine Wut in mir, die mir unangenehm ist und für die ich keine rationelle Begründung finde. Da ich diese Aggressivität in mir ablehne, schiebe ich sie meinem Gegenüber zu und empfinde somit ihn als aggressiv mir gegenüber.

Die Projektion könnte ein gutes Mittel der Selbsterkenntnis sein. Was uns an anderen Menschen am meisten stört (wütend macht, aufregt, „nervt“ ...) und was wir bei ihnen treffsicher analysieren, ist mit großer Wahrscheinlichkeit eine Projektion, da diese Eigenschaften in uns sind, wir sie aber nicht bewusst wahrnehmen. Oft projizieren wir auf solche Personen, die uns in den Aspekten, die wir kritisieren, ähnlich sind – ohne dass wir dies überhaupt bemerken.

PROJEKTIVE IDENTIFIKATION: Die projektive Identifikation ist der eben beschriebenen Projektion recht ähnlich. Der große Unterschied besteht jedoch darin, dass das Gegenüber bei der projektiven Identifikation (unbewusst) so beeinflusst wird, dass es die projizierten Erwartungen auch erfüllt. Diese anderen Personen spüren dadurch die projizierten Affekte oder Konflikte so in sich, als wären sie ihre eigenen. Während bei der Projektion also die Person, die als Projektionsfläche dient, die Affekte nicht oder nicht in diesem Ausmaß spürt, werden bei der projektiven Identifikation die Affekte der abwehrenden Person deutlich spürbar und erzeugen einen gewissen Handlungsdruck bei der Bezugsperson.

Beispiel: Die eigene, selbst empfundene Wut wird dem Gegenüber unterstellt und durch Manipulation wird erreicht, dass die Person die projizierte Wut selbst empfindet und dementsprechend handelt. Durch das nun tatsächlich vorhandene, aggressive Verhalten meines Gegenübers bin ich nun in der Lage, mich gegen die Wut, die eigentlich meine eigene ist, zu wehren.

Typisch ist, dass der Borderliner durch unmittelbaren Druck oder durch eigenes Verhalten (die genau jene Gefühle und Impulse im Anderen auslösen) versucht, das erwartete Verhalten beim anderen durch Manipulation zu bewirken. Der Borderliner kann sich somit als „Opfer" der Aggression des Partners sehen und schützt sich dadurch vor den Schuldgefühlen der eigenen Aggression. Die projektive Identifikation gehört zum normalen Schutzmechanismus des frühkindlichen Bewusstseins.
Je mehr sie jedoch bis ins Erwachsenenalter überdauert, desto problematischer wird sie. Der Gebrauch der projektiven Identifikation ist nicht auf Borderliner beschränkt. Ohne sich dessen bewusst zu sein, neigen auch „normale" Erwachsene dazu, zur Erfüllung eigener psychischer Belange anderen gegenüber eine gewisse Erwartungshaltung einzunehmen.

In der Idealisierung handelt es sich beim erwarteten Verhalten meist um positive Zuwendung. In der Abwertung ist jedoch der Impuls zu kritisieren, zu verachten oder herabzusetzen dominanter.

VERSCHIEBUNG: Unerträgliche oder ungewünschte Impulse werden an einem Ersatzobjekt ausagiert, wenn der eigentliche äußere Auslöser zu gefährlich ist oder wenn das Ersatzobjekt leichter zugänglich, sozial verträglicher oder akzeptierter ist.

Ein „ödipales“ Beispiel: Erotische Impulse dem Vater gegenüber werden besser mit einem anderen, älteren Mann ausgelebt. So kann das Inzesttabu gewahrt bleiben, und die „Rache der Mutter“ braucht nicht befürchtet zu werden.

SPALTUNG: Ambivalente und vieldeutige Affekte können nicht zeitgleich wahrgenommen werden. In einem Moment kann nur ein Affekt akzeptiert und nur eine einzige dazu passende Kognition wahrgenommen werden. So wird eine Bezugsperson beispielsweise als ausschließlich liebevoll und beschützend empfunden und bewertet, obwohl die Beziehungserfahrung mit dieser Person auch andere Qualitäten enthält. Zu einem anderen Zeitpunkt wird die gleiche Person dann ausschließlich als angsteinflößend, verächtlich und störend wahrgenommen: emotionale und kognitive „Schwarz-Weiß-Malerei“. Eine zeitliche Integration verschiedener Gefühle, kognitiver Bewertungen, Intentionen, Imaginationen usw. ist nicht möglich. Die Spaltung lässt sich charakteristischerweise bei Borderline-Störungen finden.
Der Wechsel von Idealisierung und Entwertung wird in der Psychoanalyse als Spaltung bezeichnet. Gemeint ist damit ein frühkindlicher Abwehrmechanismus, der von Borderline-Persönlichkeiten bewusst zur Verarbeitung belastender Situationen eingesetzt wird. Auch bei gesunden Menschen kann es in besonderen Krisensituationen zur Spaltung kommen. Bei Borderlinern besteht dieser Abwehrmechanismus jedoch dauerhaft und gilt als borderlinetypisch. Die Spaltung sichert das psychische Überleben und war in der Entwicklung bei Betroffenen einst eine wichtige Strategie, um ihre Existenz zu sichern. Während gesunde Menschen jedoch in ihrer Entwicklung irgendwann reife Abwehrmechanismen entwickeln, stehen diese Borderlinern, besonders in Krisen, nicht zur Verfügung.

In den ersten Monaten nach der Entbindung erlebt sich ein Kind mit der Mutter als geschlossene Einheit. Es hat noch kein eigenes „Ich“ und sucht deswegen die Verschmelzung (Symbiose). Der nächste Entwicklungsschritt ist der, sich selbst als getrennt von anderen und der Umwelt zu erleben. Gelingt es dem Kind nicht, sich selbst als eigenständiges und getrenntes Wesen zu entwickeln, so wird ein Betroffener auch im Erwachsenenalter nicht fähig sein, ein eigenständiges „Ich“ zu finden. Borderliner haben in ihrer Entwicklung zwar eigene „Ich-Fragmente“ entwickelt, sind jedoch nicht in der Lage zu erkennen, dass ein Mensch gleichzeitig aus guten und negativen Eigenschaften besteht.

Beispiel: Ein Kind kommt zu einem Elternteil und wünscht sich Schokolade. Wenn es die gewünschte Süßigkeit bekommt, wird die Person, die das Bedürfnis befriedigt hat, idealisiert. Wenn die Schokolade weg ist und das Kind erneut nach Schokolade bettelt und nun nicht bekommt, dann kommt es zur Abwertung. Dass kurz davor dem Wunsch nachgegeben wurde, ist für das Kind nicht mehr existent.

Ein Borderliner kann nicht erkennen, dass jemand eine Bitte abschlagen kann, aber trotzdem ein liebenswerter Mensch bleibt. Dieser Mechanismus der Spaltung ist eines der wesentlichen Merkmale der Krankheit und dient der Reduzierung von Angst, da die klare Einteilung in „gut und böse“ – „schwarz und weiß“ klare Verhältnisse schafft und somit innere Unruhe minimiert.

In der Idealisierungsphase wird ein Mensch als ausschließlich gut wahrgenommen. Eine neue Partnerin/ein neuer Partner wird als Rettung wahrgenommen. Es wird versucht, eine Verschmelzung, wie damals mit der Mutter, herzustellen. Diese intime, intensive Beziehung sorgt dafür, dass sich der Betroffene als „ganz“ empfindet, und nur dann ist er fähig, positive Gefühle zu erleben. Dieses Gefühl besteht so lange, bis Eigenschaften wahrgenommen werden, die nicht dem idealisierten

Bild entsprechen und es ins Gegenteil kippt. Der Borderliner reagiert auf diese neue Situation mit völliger Entwertung, anstatt es ins bisher durchweg positive Bild der Partnerin/des Partners zu integrieren und zu akzeptieren.

SUBLIMIERUNG: Urtümliche Affekte und Impulse (z. B. sexuelle Freizügigkeit) werden auf sozial und ethisch „höherwertige" Ziele verlagert und beispielsweise als musisches Hobby ausgelebt. Das ursprüngliche Handlungsziel wird dann aufgegeben und in seiner sublimierten hochwertigen Form gelebt.

ISOLIERUNG: Belastende Konflikte, Sachverhalte, Erlebnisse werden von ihren Affekten und Imaginationen getrennt und dann nur noch als isolierte kognitive Themen „kopflastig" verarbeitet. Zu belastenden Situationen gibt es zwar eine Geschichte und eine Erklärung, das dazugehörige Gefühl ist jedoch verdrängt bzw. von der Kognition isoliert und nicht spürbar.

Beispiel: Auch wenn mich mein Partner immer wieder verbal erniedrigt, hat er doch überwiegend gute Eigenschaften. Die negativen Empfindungen werden ausgeblendet, auch wenn sie mich eigentlich oft verletzen.

RATIONALISIERUNG: Unbewusste Vorgänge, Handlungsmotive und Abwehrmotive wie Sublimierung, Isolierung, Reaktionsbildung u. a. werden im Nachhinein aufgrund äußerer Gegebenheiten oder sozial akzeptierter Standardmotive stichhaltig begründet (also umgedeutet). Die wahren, unbewussten Motive, die häufig viel komplexer oder ganz anderer Natur sind, werden abgewehrt und bleiben unbewusst.

Beispiel: „Wir haben nur gestritten, weil das heute nicht mein Tag oder weil das Wetter schlecht war."

KOLLUSION: Man geht davon aus, dass Paare sich unbewusst auf bestimmte neurotische Interaktionen „einigen", um sich gegenseitig vor dem Bewusstwerden und der Konfrontation mit unbewältigten Grundkonflikten zu schützen. Dabei finden sich oft komplementäre Rollenverteilungen, zum Beispiel: „Wenn du so schwach bist, darf ich so stark sein." Auf diese Weise stellen die Partner auch sicher, dass sie sich gegenseitig ihre zentralen neurotischen Beziehungswünsche erfüllen.

Beispiel: Eine Frau, die sich selbst als unbeholfen und kindlich darstellt und auf diese Weise auf Hilfe von außen hofft, und ein Mann, der den Wunsch hat zu beschützen.

DELEGATION: Innere Konflikte, Wünsche, Ängste oder „alte Schulden" der Eltern werden von diesen unbewusst auf ihre Kinder delegiert, damit die Kinder stellvertretend diese abgewehrten oder unerledigten Elternanteile ausleben oder in sich tragen. Die Kinder nehmen diese Introjekte aus Liebe zu ihren Eltern an und merken nicht, dass es sich nicht um ihre eigenen Anteile handelt. Die Bürde ist für Kinder oftmals zu groß. Es handelt sich bei der Delegation um eine Mischung aus projektiver Identifikation und Kollusion.

DOPPELBINDUNGSTHEORIE (Double-Bind): Double-Bind ist eigentlich kein Abwehrmechanismus im psychodynamischen Sinn. Borderliner greifen jedoch gern auf diesen Schutz zurück, um in ihrer Zerrissenheit keine Entscheidung treffen zu müssen.

Die Double-Bind-Theorie setzt grundsätzlich ein Abhängigkeitsverhältnis voraus, wie sie beispielsweise in Eltern-Kind- oder symbiotischen Beziehungen vorzufinden sind. Es handelt sich um einen paradoxen Kommunikationsstil, in dem zwei widersprüchliche Botschaften in einer Interaktion übermittelt werden. Die Signale können sowohl Gestik, Mimik als auch der Inhalt der gesprochenen Worte sein. Der Empfänger steht dadurch vor der Wahl, welcher Botschaft er Glauben schenken soll.

Als gutes und einfaches Beispiel kann die Antwort auf die Frage „Wie geht es dir?" genommen werden. Der Gefragte antwortet mit leidender, zittriger Stimme und mit verkrampfter Körperhaltung: „Danke, sehr gut!"

Nimmt man nun den gesprochenen Satz als Wahrheit und ignoriert die leidende Geste, könnte das der Andere übel nehmen. – Im anderen Fall könnte er jedoch ebenfalls empfindlich reagieren, da man seinen Worten keinen Glauben schenkt. Auf Double-Bind-Botschaften kann also nur falsch reagiert werden.

Wie oben beschrieben, setzen Borderliner diese Art der paradoxen Kommunikation gerne ein, um der Zerrissenheit, die in ihnen herrscht zu entgehen. Diese Zerrissenheit entsteht, wenn Logik und Gefühle nicht in Einklang zu bringen sind. Der Betroffene ist aufgrund dieser unterschiedlichen Wahrnehmungen zu keiner Entscheidung fähig und gibt durch das Double-Bind dieses für ihn unlösbare Problem weiter. Unter diesen Gesichtspunkten kann Double-Bind, meiner Meinung nach, sehr wohl als symptomatischer Schutzmechanismus bezeichnet werden.

Es kommt sehr häufig vor, dass Borderliner in der Kindheit Double-Bind-Botschaften ausgesetzt waren. Gerade in Eltern-Kind-Beziehungen wirkt sich diese Kommunikationsform verheerend aus. Das Kind ist existenziell auf die Eltern angewiesen. Wenn es nun ständig dieser Kommunikationsweise, in der zwei unterschiedliche Botschaften übermittelt werden, ausgeliefert ist, wird das Kind in seiner Beziehung zu den Eltern unsicher. Das kann dazu führen, dass es der Liebe der Eltern unsicher wird, sich aber nicht traut, es zu artikulieren.

Um die Beziehung zu den existenziell wichtigen Eltern aufrechtzuerhalten, ignoriert das Kind die eigenen Wahrnehmungen und Gefühle. Im Kind entsteht das Problem: „Wenn ich die Bindung zu meiner Mutter beibehalten will, darf ich nicht zeigen, dass ich sie liebe. Aber wenn ich Ihr nicht zeige, dass ich sie liebe, wird sie mich verlassen.“ (Frei interpretiert nach Bateson, Begründer der Double-Bind-Theorie.)

Ein gutes Beispiel bei Eltern-Kind-Beziehungen:

„Ich schlage dich nicht, weil ich böse bin, sondern weil ich dich liebe!“

In Borderline-Beziehungen, bei denen es häufig zu Nähe-Distanz-Problemen kommt, kann es zum Beispiel zu folgender paradoxen Situation kommen:

Der Betroffene sucht die Nähe des Partners, sucht Zärtlichkeit, sagt aber: „Ich hasse dich, ich will nichts von dir!“

Besonders erwähnenswert ist die Tatsache, dass Borderliner selten auf nur einen der oben genannten Abwehrmechanismen zurückgreifen. Meistens werden sie verwendet, um den Mechanismus Spaltung aufrechterhalten zu können. Sie haben diese Art des Selbstschutzes seit ihrer Kindheit immer wieder benötigt und im Laufe der Zeit perfektioniert. Allein schon aus dieser Betrachtung wird deutlich, warum man Borderliner, die sich in Krisen befinden, kaum oder gar nicht erreichen kann. Eine wirklich zielführende, rationale Diskussion ist in diesen Phasen nicht möglich.

II

EINE BEZIEHUNG / ZWEI SICHTWEISEN

KEVIN UND ANNA

Jeder Mensch lebt in seiner eigenen Realität. Sie ist zusammengesetzt aus Konditionierungen, die durch Erziehung und viele andere Faktoren, wie zum Beispiel dem gesellschaftlichen und kulturellen Umfeld, entstehen. Nun gibt es die eine Realität, die „gemeinsame", in der die meisten Menschen leben. Sie wird „Normalität" genannt.
Natürlich ist es so, dass in dieser Normalität jeder Mensch seine eigene Realität hat und sogar lebt. Diese weicht aber nicht zu sehr von der Konditionierung der Normalität ab. Sie ist also gesellschaftlich tragbar. Es passiert täglich, dass verschiedene Realitäten aufeinandertreffen. Aber das macht das Leben aus! Menschen sind unterschiedlich in ihren Gefühlen, Denk- und Lebensweisen.

Nun gibt es aber auch Begegnungen im Leben, die nicht den „normalen" Begegnungen entsprechen. Diese können verschiedener Art sein, aber vor allem in einer Liebesbeziehung hinterlassen sie tiefere Spuren als gewöhnlich. Am Anfang dieser Begegnungen ist es magisch, wie der Himmel auf Erden. Es stellt sich innerhalb kürzester Zeit eine symbiotische Beziehung ein. In den meisten Fällen stellt sich dabei das Gefühl ein, seinen Seelenverwandten gefunden zu haben, ein Gefühl der Verschmelzung und das Ende der Suche. Man fühlt, dass man angekommen ist. Man hat „die Liebe seines Lebens" endlich gefunden. Nach einer Weile jedoch geht diese Beziehung aus unerklärlichen Gründen in die Brüche. Dies passiert immer plötzlich. Von heute auf morgen wird man verlassen, meistens dann, wenn es am schönsten und intensivsten war. Und damit nicht genug. Das Gegenüber scheint einen

in einer unfassbaren Weise abzuwerten, ja sogar zu hassen. Zurück bleiben eine bis dahin unbekannte tiefe Leere und ein Schmerz, den man sich nie hätte vorstellen können.
Bildlich gesprochen, ist man „Gefühlsachterbahn" gefahren und hat das bis dato extremste Wechselbad der Gefühle erlebt. Wie nach einer Achterbahnfahrt verliert man auch hier das Gleichgewicht, den Halt und den Boden unter den Füßen. Der Unterschied bei der „Gefühlsachterbahn" ist, dass die Gefühle der Angst und Orientierungslosigkeit viel länger bestehen bleiben als nach einer realen Achterbahnfahrt.
Das Selbstbild und Selbstwertgefühl ist erschüttert. Was am Ende einer solchen Begegnung immer bleibt, sind Schmerz, Verzweifelung und die große Frage: „WARUM?"

Ich durfte viele von diesen Menschen und ihre Geschichten kennenlernen. Alle diese Geschichten hatten einen ähnlichen Charakter und eine Gemeinsamkeit. Alle diese Personen hatten eine Beziehung mit einem Menschen, der eine Borderline-Persönlichkeitsstörung hat.

Eine Beziehung mit einer Borderline-Persönlichkeit ähnelt einer Achterbahnfahrt. Man wird hineingezogen in eine Welt, die keine Kompromisse kennt. Sie besteht aus völliger Hingabe und Liebe sowie totaler Ablehnung und Hass. Eine Welt ohne Vergangenheit, eine Welt, die sich täglich neu erfinden muss und niemals aus der Schatzkiste ihrer Erfahrungen schöpfen kann. Eine verzweifelte Suche nach dem eigenen Ich, das ständige Erfinden von Rollen, in die man schlüpft, um der Umgebung und sich selbst eine Identität vorzuspielen.

In den letzten Jahren habe ich viele enttäuschte und verletzte Menschen kennengelernt, die eine Borderline-Beziehung erlebt haben.
Alle Geschichten liefen ähnlich ab und endeten mit viel Schmerz und offenen Fragen.

Die folgende Geschichte, über Kevin und Anna, habe ich aufgrund vieler Erfahrungen und meiner Forschungsarbeit geschrieben, um verständlich zu machen, was hinter dieser Beziehungsdynamik steckt. Namen und Situationen sind nicht real, jedoch sind die beschriebenen Emotionen und Situationen authentisch, da mehrere Borderliner und Angehörige am Buch mitgewirkt haben, indem sie ihre realen Emotionen und Geschichten zum Ausdruck gebracht haben.

Ich habe versucht, Zustände zu beschreiben, wie sie einem in einer Borderline-Beziehung widerfahren können. Die Geschichte ist aus zwei Perspektiven geschrieben: aus der Perspektive des Partners (Kevin), der ahnungslos in diese Welt hineingezogen wird, und Anna (Borderlinerin), die sich ihrer Störung nicht bewusst ist.

Bemerkung: Die Geschichte über Kevin und Anna ist auf der Grundlage vieler, mir bekannten Geschichten entstanden. Ich möchte aber betonen, dass nicht alle Borderliner sich schneiden und nicht alle Borderliner fremdgehen! In dieser Geschichte geht es grundsätzlich darum, die Mechanismen, die die Verhaltensweisen steuern, aufzuzeigen.

Genauso möchte ich ausdrücklich erwähnen, dass nicht jede Borderline-Persönlichkeit unter allen Symptomen leidet.
Bei jedem Betroffenen können die Symptome unterschiedliche Ausprägungen annehmen!

Ich möchte Sie jetzt an die Hand nehmen und in eine turbulente Beziehungsgeschichte entführen*.

---

* Kevin – normale Schrift
Anna – kursiv
Erklärung – kursiv/fett

Es fing alles vor einem Jahr an. Ich lernte Anna auf einer Feier kennen und noch am selben Abend kamen wir zusammen. Sie faszinierte mich, zog mich mit ihrer Ausstrahlung und ihrem Charisma in den Bann. Diese Anfangszeit war für mich wie der Himmel auf Erden. Ich glaubte, mit dieser Frau zu verschmelzen und eins mit ihr zu sein. Symbiotisch und absolut. Es übertraf in der Intensität alles, was ich bis dahin in meinem Leben gefühlt hatte. Eine irre Empfindung. Sie gab mir das Gefühl, der tollste Mann der Welt zu sein und ließ mich das in jeder Sekunde spüren.

Aber schon am Anfang hatte ich den leisen Verdacht, dass sie manchmal anders ist als Menschen, die ich kenne. Irgendwie gefiel mir das. Ich war einfach nur stolz, dass sie etwas ganz Besonderes ist, und darauf, dass diese besondere Frau sich für mich interessierte und mich liebte. Schon nach acht Wochen fingen wir an, eine gemeinsame Wohnung zu suchen. Und ich dachte mir auch nichts dabei, als sie mich nach sechs Wochen fragte, ob wir uns verloben wollen. Ich war überglücklich, dass mich diese tolle Frau heiraten wollte und so hingerissen von ihr, dass ich nicht lange überlegen musste. Natürlich habe ich ihren Antrag angenommen!

Ich lernte Kevin auf einer Feier kennen. Ich wollte eigentlich keine Beziehung mehr, da ich in der Vergangenheit kein Glück mit Männern hatte, weil sie mir viel Leid zugefügt hatten. Aber als ich ihn sah, änderte sich dies binnen eines Augenblicks. Schon bei unseren ersten Sätzen war es passiert. Ich wusste instinktiv: Dieses Mal ist es der Richtige! Trotz der vielen hinter mir liegenden gescheiterten Beziehungen wusste ich auf einmal, dass es dieses Mal klappen würde. Es schlug einfach ein. Ich war rettungslos verliebt, ich begehrte ihn, ich wollte ihn ganz für mich. Ich wollte mit ihm jede Sekunde verbringen, jede Stunde, jeden Tag, mein ganzes Leben! Es gab keinen Moment, in dem seine Anwesenheit nicht angenehm und perfekt gewesen wäre.

Keine Sekunde, in der ich seine Gegenwart nicht genossen hätte. Sein Geruch, sein Lächeln, seine Haut, sein Atem und seine Stimme. Er war so unglaublich perfekt. So bildschön auf allen Ebenen, ein Wesen von einem anderen Stern. Mich durchströmte ein reines Glücksgefühl, als er auf vorsichtiges Nachfragen erkennen ließ, dass auch er mit mir zusammenziehen wollte. Ich war mir sicher, dass ich mit diesem Mann mein restliches Leben verbringen wollte. Und so habe ich ihn gefragt, ob wir uns verloben wollen. Er sagte ja und ich war beseelt. Wir waren eins. Es war so perfekt. Ich denke, ich war in dem Moment die glücklichste Frau auf der Welt. Wir machten Pläne und suchten uns eine gemeinsame Wohnung. In meinem Leben gab es nur noch ihn! Er gab mir das Gefühl, in seinen Augen die schönste, die klügste und überhaupt die perfekte Frau für ihn zu sein. Ich verlor mich in den schwarzen Seen seiner riesigen, verliebten Augen. Ich schwor mir, dieses Bild nie zu zerstören und dieses Mal perfekt zu bleiben, für ihn, für uns.

Die beiden lernen sich kennen. Sie idealisiert ihn. Sie gibt ihm das Gefühl perfekt zu sein. Er kennt diese realitätsfremde Position einer Ikone nicht, aber wer ist schon ungern perfekt? Er idealisiert sie, denn jemand, der diese Gefühle in ihm auslöst, muss perfekt sein.

Anna idealisiert Kevin. Sie ist überschwemmt von Emotionen, die eine Richtung bekommen haben. Anna hat ein unstillbares Bedürfnis nach Zuwendung, Wahrnehmung, Nähe, Sicherheit und Liebe. Anna ist auf der Suche nach einer Identität, denn sie besitzt kein „Ich", kein Selbstbild, kein Imago. Ihr Bedürfnis nach Identität ist so groß, dass sie sich Kevin mühelos anpassen kann, indem sie ihm genau das zurückspiegelt, wonach er sich sehnt. Anna ist abhängig von Kevins Spiegelung. Und solange er ihr das perfekte Bild zurückspiegelt, idealisiert sie ihn.

Kevin ist von dem, was Anna ausstrahlt, fasziniert. Der Charme einer Borderline-Persönlichkeit kann reizend sein. Annas empathische Wahrnehmung (die nur in der Idealisierungsphase möglich ist!) gibt Kevin das Gefühl der Einheit, Seelenverwandtschaft und Nähe. Seine emotionale Reaktion ist überwältigend. Denn so etwas hat Kevin noch nicht erlebt. Er nimmt es wahr als „Ende der Suche", „Liebe seines Lebens".

Als wir schließlich eine passende Wohnung fanden, freuten wir uns sehr. Ich hatte meine alte Wohnung gekündigt, ohne lang überlegen zu müssen. Aber als ich sie fragte, ob sie ihre Wohnung schon gekündigt habe, wechselte sie sofort das Thema und sagte irgendwas über ihre letzte Beziehung und über ihre Angst, dass das alles so schnell gehe. Es war für mich wie ein Schlag ins Gesicht. Weil ich Verständnis für sie aufbringen konnte, gestand ich ihr zu, ihre Wohnung zu behalten. Schließlich hatte sie bis jetzt kein Glück mit Männern gehabt. So hatte auch ihr letzter Freund sie betrogen und aus der Wohnung geworfen, ganz zu schweigen von dem, was andere Männer ihr angetan hatten. So habe ich versucht, damit zurechtzukommen, dass sie eben etwas mehr Sicherheiten brauchte als ich, und habe es aus meinem Bewusstsein verdrängt. Sie würde im Laufe der Zeit schon merken, dass sie mir vertrauen kann. Und das es anders sein wird als mit ihren bisherigen Männern.

Es machte richtig Spaß, verschiedene Wohnungen anzuschauen. Es war wie im Film. Wir zwei Verliebten suchten ein passendes Nest. Wir entwarfen in unseren Gedanken und Worten unsere gemeinsame Zukunft, schmückten sie mit unseren Träumen und stellten fest, dass wir die gleichen Träume hatten. Meinungsverschiedenheiten konnten wir uns noch nicht einmal vorstellen. Wir entschieden uns für eine schöne Wohnung und erhielten auch sofort die Zusage.

Allerdings durchzog ein flaues Gefühl meine Magengrube, als er mir mitteilte, dass er seine Wohnung gekündigt habe, ein ganz komisches Gefühl. Auf einmal wollte ich meine Wohnung nicht mehr kündigen, denn wer weiß, ob die Beziehung Bestand haben würde? Angenommen, es gäbe einen Streit, was sollte ich tun, wohin sollte ich mich zurückziehen? Auf einmal sah ich ihn aus anderen Augen. Wollte er mich aus meinem Leben wegreißen, mir meine Zuflucht nehmen? War es richtig, mit ihm gemeinsam diese Wohnung zu beziehen? Es war ein unbeschreibliches Chaos in meinem Kopf. Als er dann noch anfing zu fragen, warum ich meine Wohnung noch nicht gekündigt hätte, fühlte ich mich eingeengt. Wollte er mich zu seinem Eigentum machen? Ich fühlte mich schlecht, ich fühlte mich leicht schuldig, weil ich meine eigene Wohnung nicht gekündigt hatte. Denn irgendwie hatte ich das ja auch versprochen, indem ich mich auf eine gemeinsame Wohnung eingelassen hatte, und zwei Wohnungen konnte ich nicht bezahlen. Ich hatte Angst vor der Endgültigkeit. Ich rechtfertigte mich, indem ich ihm etwas aus meinen bisherigen Beziehungen erzählte. Denn das war teilweise ganz entsetzlich gewesen. Und dafür musste er doch einfach Verständnis haben, jedenfalls wenn er der richtige Mann für mich war. Ich wusste gar nichts mehr, es wurde eng. Ich hatte das Gefühl, zu ersticken. Ich verstand nicht, was los war. Ich wusste nur: Ich muss ganz schnell weg. Zum Glück meldete sich mein Ex bei mir. Mit ihm ging ich abends essen. Es war eine kleine Erleichterung für mich, denn ich hatte das Gefühl, dass Kevin mich vereinnahmen wollte. Es fühlte sich so an, als ob ich dadurch mich und mein Leben verlieren würde.

Ihr wird in einem klaren Moment bewusst, dass sie ihn eigentlich noch nicht kennt und nicht weiß, wie es mit ihm werden wird. Sie versteht nicht, dass die Angst, die sie hat, zu einem Teil darauf beruht, dass sie sich bisher nur auf einer illusionären Ebene der Verliebtheit begegnet sind. Die Realität und der Mensch, mit seiner

ganzen Persönlichkeit, hatten bisher noch gar keine Chance, sich zu offenbaren. So hegt sie Zweifel, verfällt der Ambivalenz und berechtigten Unsicherheiten. Ihre Angst vor dem „Verschlungen werden“ taucht auf, obwohl sie selbst die Situation maßgeblich herbeigeführt hat.

Planen, träumen, sich alles schön auszumalen, hat Anna Spaß gemacht. Freude auf etwas Neues hat ihre Sehnsüchte geweckt. Als sich nun die Realität zeigt, hat sie Angst vor der Entscheidung, Angst verschlungen zu werden, Angst vor der Endgültigkeit. Diese Ängste kann sie nicht verbalisieren und erzählt Kevin nur von ihren schlimmen Erfahrungen mit anderen Männern. Sie fühlt sich in seiner Realität eingesperrt, hat Angst, „den Ausgang“ nicht mehr zu finden und zu ersticken.

Erleichterung kann eintreten, als sie sich der Beziehung entwindet und ihren Ex sieht, denn da ist sie ganz weit von ihrer jetzigen Beziehung entfernt. Wie in einem Paralleluniversum. Sie flüchtet aus Kevins Realität, die ihr im Moment der Entscheidung große Angst macht und sie einengt.

Annas Reaktion schockt Kevin zuerst. Aber er relativiert diese Situation, indem er Rücksicht auf sie nimmt, denn „sie hatte kein Glück bis jetzt und es ist o. k., es langsamer anzugehen“. Er versucht, Verständnis für Anna aufzubringen und hofft, dass sie schon merken wird, dass sie ihm vertrauen kann.

Den Mietvertrag unterschrieb ich alleine. Eigentlich hätte sie dabei sein sollen, aber sie sagte nur eine halbe Stunde vor dem Termin per SMS ab: „Sorry Schatz! Kann nicht kommen, habe Bauchschmerzen und liege im Bett.“ Ein paar Tage später kam sie in meine alte Wohnung und fing an zu weinen. Als ich sie fragte, was los sei, sagte sie, sie habe Stress mit ihrer Mutter und alles gehe ihr auf die Nerven. Ich versuchte, sie in den Arm zu nehmen, doch sie drehte sich um und rannte aus der Wohnung. Weg war sie! Tagelang versuchte ich, sie zu erreichen. Ich telefonierte ihr hinterher, doch das Handy war entweder aus, oder sie ging nicht ran. Ich stand sogar bei ihr vor der Tür, doch es war keiner da. Mein Herz war voller Sorge. Je länger es dauerte, desto verzweifelter wurde ich. Ich war nicht fähig zu arbeiten, konnte nicht schlafen, machte mir permanent Gedanken darüber, ob ihr etwas passiert war. Ob ich ihr etwas angetan hatte, wieso sie den Kontakt einfach so abgebrochen hatte. Verstehen konnte ich es nicht. Es war doch alles so schön. Ich hatte das Gefühl, als habe mir jemand plötzlich und ohne Vorwarnung den Boden unter den Füßen weggerissen.

An dem Tag, als wir den Termin beim Vermieter zur Unterschrift des neuen Mietvertrages hatten, ergriff mich ein merkwürdiges Gefühl. Ich fühlte mich abgetrennt von der Welt. Ich war kein Bestandteil von ihr. Selbst Kevin kam mir sehr fremd vor. Zu meinen eigenen Gefühlen hatte ich gar keinen Kontakt. Ich fühlte mich wie ein isolierter Zuschauer der Geschehnisse. Ob das wohl alles richtig war? Ob es wohl richtig war, diesen Mietvertrag zu unterschreiben und mit Kevin zusammenzuziehen? Ich fühlte nicht, konnte nicht werten, nicht entscheiden. Es kam mir alles chaotisch vor, irgendwie konfus, ohne Fixpunkte. Ich wusste noch nicht einmal, ob ich noch etwas für ihn empfand. Aber das konnte ja nicht sein.

Davon wollte ich Kevin aber nichts sagen. Ich wollte ihm nicht über meine Unsicherheiten berichten, ihm nicht wehtun mit meinen Zweifeln. Es war mir recht, dass mein Ex sich an diesem Abend spontan mit mir treffen wollte, weshalb ich ihm zusagte. Die Ablenkung würde mir gut tun. Ich würde ein bisschen Luft bekommen. Das konnte ich aber Kevin nicht erklären. Ich war so gefangen in meinem innerlichen Chaos und total überfordert mit der Situation. Also log ich und schrieb ihm per SMS, ich sei krank und läge im Bett.

Zwei Tage nachdem er den Vertrag unterschrieben hatte, fuhr ich zu ihm nach Hause. Er war am Packen. Und als ich das sah, breitete sich in meinem Bauch das altvertraute Gefühl der Beklemmung aus und ergriff Besitz von mir. Was will ich überhaupt? Ich fühlte mich ihm fremd trotz seiner Nähe. Das schlechte Gewissen wegen des Treffens mit dem Ex plagte mich. Obwohl ich nichts Anzügliches mit ihm getan hatte, hasste ich mich für meine Unehrlichkeit und versuchte, mir die Scham nicht ansehen zu lassen. Kevins Blick war so unendlich lieb und ich hasste das. Ich hasste die Situation, ich hasste mich. Und auch ihn. Ein Bedürfnis zur Flucht machte sich in mir breit. Ich fühlte überdeutlich, dass ich weg musste, raus, irgendwie weg, ohne Ziel. Völlig überfordert von der Situation fing ich an zu heulen und lief weg. Ich musste alleine sein. Das Wirrwarr in meinem Kopf und der Druck waren nicht auszuhalten. Ich spürte nur Chaos, konnte nicht mehr aufdröseln nach richtig und falsch und fühlte mich wie gelähmt. Als ich nach Hause kam, nahm ich eine Rasierklinge und schnitt mich. Das mache ich immer, wenn ich mich in einer Situation befinde, die ich nicht aushalte. Ich hasste mich dafür, so widerwärtig, so abstoßend. Und die Welt hasste ich dafür auch. Ständig klingelte das Telefon. Er versuchte, mich zu erreichen. Ich wusste, ich bin schlecht für die Menschen um mich herum, ich schade ihnen. So aufgelöst, wie ich war, konnte ich unmöglich ans Handy gehen. Außerdem hasste ich ihn auch, denn er hatte etwas, ich konnte nicht benennen was, zu dieser Situation beigetragen. Die Schuld für all den Hass in mir setzte sich wie ein Alb auf meinen Brustkorb. Plötzlich klingelte es an meiner Tür. Ich machte alle Lichter aus und wünschte ihn mir ganz weit weg, wünschte ihm den Hass für mich, den ich für ihn empfand. Ich wollte niemanden sehen. Jedenfalls wollte ich mich ihm nicht so aussetzen, so verwundbar, so abstoßend hasserfüllt und schwach zeigen. Die Angst vor der Einsam-

keit war schließlich stärker, weshalb ich schließlich meinen Ex anrief und ihn bat vorbeizukommen. Er kennt mich und er ist keine Gefahr mehr. Keine Emotion ist mit ihm verbunden. Er ist nur eine ferne Erinnerung. Er kam vorbei. Und um endlich etwas klar Definiertes zu spüren, um den verdammten Druck abzubauen, schlief ich mit ihm. Da war kein Gefühl, ganz zu schweigen von Leidenschaft. Da war nur Schmerz. Und ich fühlte mich unsäglich schmutzig, eine verachtenswerte Existenz.

Sie ist sich ihrer Entscheidung, die, wie vorstehend bereits ausgeführt, eher auf Illusionen beruht, nicht sicher. Zurück kann sie aber auch nicht, denn vertragliche Verpflichtungen sind so gut wie unausweichlich, wenn sie ihrem Unwohlsein keine Worte verleiht. Dies kann sie aber nicht, da sie Kevin nicht verletzen will. Sie kann ihn nicht konfrontieren mit all den widersprüchlichen, zweifelnden Gefühlen, die in ihr ein Chaos veranstalten, denn instinktiv weiß sie, dass dies wenig mit ihm und sehr viel mit ihr selbst zu tun hat. Sie fürchtet den Liebesentzug als schreckliche Konsequenz der Ehrlichkeit.

Für die widerstreitenden Gefühle hat sie keinen Verarbeitungsmechanismus. Sie sind zu heftig. Das führt zu einem Gefühl des absoluten Chaos, in welchem sie nicht mehr fähig ist, sich selbst differenziert wahrzunehmen. Das Schneiden soll ihr einen Bezug zu der Realität und sich selbst zurückbringen, der sie allmählich entgleitet.

Das Schneiden ist in ihren Augen abartig und dafür hasst sie sich. Lediglich weil Kevin dabei war, wird er nun auch zum Bestandteil der Situation, die im Grunde nur mit ihr selbst zu tun hat. Sie muss ihn hassen, da die Situation vorher gut war. Das alles ist zu viel für sie,

weshalb sie die Situation und auch Kevin abwertet, um wieder Grund unter den Füßen zu bekommen.

Der Sex ist nichts anders als das Schneiden. Sie hatte ihn nicht geplant. Sie wollte nur Gesellschaft, um nicht völlig alleine in ihrem Schmerz dahin zu driften. Ihren Ex konnte sie nur deshalb kontaktieren, weil er ihr nichts mehr bedeutet. Und letztlich konnte sie auch nur mit ihm schlafen, weil er ihr so fern war und dennoch nicht gänzlich unvertraut. Sie hat ihn missbraucht, um ihren Schmerz zu stillen.

Kevin sind solche Verhaltensweisen nicht bekannt. Und es ist für ihn ein großer Schock, als Anna sich (für ihn ohne ersichtlichen Grund) zurückzieht. Er kann es nicht einordnen und hat das Gefühl, jemand entzieht ihm den Boden unter den Füßen. Er ist auf Anna fixiert, denn so eine starke Bindung hat er noch nie erlebt. Doch durch Annas Rückzug ist seine Wahrnehmung nicht mehr intakt. In seinem Kopf dreht sich alles um Anna. Schon in der Idealisierungsphase ist er nach diesen überdimensionalen Emotionen süchtig geworden. Diese Emotionen sind ihm mit Annas Rückzug schlagartig „entzogen“ worden und deshalb „spielen“ sein Körper und seine Psyche völlig verrückt.

Am vierten Tag kam eine SMS von ihr: „Hallo Schatz, mir geht's wieder besser. Ich möchte gerne mit dir reden. Darf ich zu dir kommen?“ Ich war so erleichtert, dass sie sich meldete, und freute mich sehr, als sie vor der Tür meiner alten Wohnung stand. Als ich sie in die Arme schließen wollte, bemerkte ich, wie traurig ihre Augen aussahen. Bevor ich nachfragen konnte, schnappte sie mich und küsste mich leidenschaftlich. Sie war so wunderschön. Meine große Liebe. Ich war hin und weg von ihr. Liebestrunken taumelten wir in Richtung des

Bettes und hatten den besten Sex, den man sich überhaupt vorstellen kann. Wir waren wieder eins. Die Tage davor waren wie weggewischt. Wir lagen im Bett und ich hielt sie in meinen Armen. Auf einmal fing sie an zu weinen und schwor mir, nie mehr wegzugehen und sagte, dass sie mich über alles liebe. Diesen Moment werde ich nie vergessen. Wir waren uns unglaublich nah. Alles war so intensiv und leidenschaftlich. Am Morgen danach zog sie sich schnell an und sagte, sie müsse noch anlässlich ihrer Arbeit (sie arbeitete halbtags in einer kleinen Firma) etwas erledigen und komme am Abend wieder.

Vom endgültigen Auszug aus meiner Wohnung trennten mich noch zwei Wochen. Ich war trotz des Zwischenfalls ruhig und gut gelaunt. Das neue Leben konnte von mir aus gleich anfangen! Das Einzige, was ich ein wenig merkwürdig fand, war der Umstand, dass sie sich nie ganz ausziehen wollte. Ich dachte mir nichts dabei. Vielleicht war sie einfach nur schüchtern. Da ich sie nicht brüskieren wollte und auch davon ausging, dass sich das irgendwann geben würde, sprach ich das Thema nicht an.

Nachdem ich mich ein bisschen beruhigt hatte, war mein Kopf wieder voller Gedanken an Kevin. Mein Gewissen meldete sich aufdringlich laut. Ich schämte mich so für das, was ich getan hatte. Er tat mir leid. Ich wollte zu ihm. Er fehlte mir, vielleicht liebte ich ihn ja doch. Ich wollte ihn unbedingt sehen, um mich zu entschuldigen. Für mich war unklar, für was genau ich mich entschuldigen sollte. Wie ich es formulieren sollte, was ich ihm überhaupt erzählen sollte. Sollte ich ihm alles erzählen? Aber könnte er mir das verzeihen? Die Angst wuchs in mir, sie packte mich und ließ mich nicht mehr los. Ich wollte ihn nicht verlieren. Hatte er mich bereits vergessen? Will er überhaupt noch etwas von mir? Wie soll ich mich melden? Was soll ich sagen? Am vierten Tag versuchte er nicht mehr, mich zu erreichen, was mich beunruhigte. Ich sehnte mich nach ihm und hasste ihn gleichzeitig. Vor allem trieb mich die nagende Frage: Hat er mich verlassen? Ich sammelte alle Kraft, die ich hatte. Und trotz meiner Angst vor einer abweisenden Antwort schickte ich ihm eine SMS. Ich zitterte am ganzen Körper und wartete angespannt auf die Antwort. Sieben Minuten benötigte er, um zurückzuschreiben. Eine Ewigkeit für mich. Voller Angst, in einer Hölle möglicher Zurückweisungen. Mir brach der Schweiß aus, als mein Handy piepste. Ich benötigte ein paar Minuten, um mich so weit zusammenzureißen, dass ich mich traute, die SMS zu lesen. Als ich seine Worte las, durchströmte mich Glück wie Zweifel gleichermaßen: „Bin zu Hause. Komm vorbei, freu' mich." Im ersten Moment war ich erleichtert. Doch dann wiederum lasen sich seine Worte kühl und distanziert. Hatte er etwas gemerkt? Sollte ich ihn tatsächlich besuchen gehen? Wie würde er mir gegenübertreten? Ich hasste ihn, hasste mich. Besser wäre es doch gewesen, ich hätte mich nie mehr gemeldet. Ich hatte wahrscheinlich einen überdimensional großen Fehler gemacht, als ich ihn angeschrieben hatte. Ich sollte besser nicht hingehen. Oder doch? „Bin zu Hause. Komm vorbei, freu' mich." Wie kalt, wie herzlos. Machte er sich keine Gedanken um mich und darüber, wie es mir ging? Die SMS endete schon fast grußlos. Früher hatte er immer liebevoll „Kuss" am Ende einer Nachricht angehängt. Was war in seiner Welt passiert, dass ich das jetzt nicht mehr wert war? Was wusste er? Oder hatte er schon eine andere? War ich ihm jetzt schon gleichgültig? Aus den Augen, aus dem Sinn?

Schließlich entschied ich mich, zu ihm zu fahren. Um ein wenig ruhiger zu werden, trank ich eine halbe Flasche Wein und redete mir selbst gut zu. Nur Mut! Auf dem Weg zu ihm potenzierte sich das Chaos in meinem Kopf noch. Alle möglichen Horrorszenarien spielten sich vor meinem inneren Auge ab. Neue und alte, immer und immer wieder. Als ich vor der Tür stand, zögerte ich. Sollte ich, oder doch lieber nicht? Ich klingelte dann doch. Und als ich ihn vor mir stehen sah, sah ich ein trauriges Glänzen in seinen Augen, etwas, was in mir das Bedürfnis weckte, diese Traurigkeit weg zu küssen, zu heilen. Der innere Druck ließ nach, aber ganz war die Angespanntheit nicht verschwunden. Ich schnappte ihn mir und wir hatten wilden Sex. Druck und Anspannung fielen von mir ab und hinterließen mich lebendig und jung. Es war unglaublich schön und intensiv. Meine Haut erwiderte jede seiner Berührungen. Ich wurde willenlos, ich war sein, wir waren eins. Ich hatte nur zwischendurch Angst, er könnte meine Narben sehen. Wir waren uns so nah, dass ich weinen musste. Ich fühlte mich sicher und geborgen in seinen Armen. Nachdem er eingeschlafen war, blieb ich noch lange wach und blickte ins Dunkel der Nacht. Mein Atem ging gleichmäßig. Er sollte nicht mitbekommen, dass ich noch nachdachte, denn mit ihm reden wollte ich nicht. In meinem Kopf nahm das Chaos wieder Formen an. Die Bilder der letzten Tage huschten durch meine Gedanken. Diese hässliche Stimme meines Gewissens meldete sich wieder, ich fühlte mich schuldig. Und auch beschmutzt von dem, was ich getan hatte. Ich konnte nicht nachvollziehen, weshalb er so lieb zu mir war, denn ich war doch böse. Niemand konnte mich lieben, jedenfalls keiner, der alles über mich wusste. Soviel stand schon einmal fest. Diese Liebe konnte nur das Produkt eines Irrtums sein. Wie Schuppen fiel es mir von den Augen, ich erkannte den Unwert meines Seins und ekelte mich vor mir selbst. Ich wollte weg, einfach nur weg, und dennoch blieb ich dort, wach und auf den Dornen meiner Gedanken gebettet. Morgens hielt mich dann nichts mehr. Ich musste nach Hause, allein sein und schlafen. Ich erklärte ihm, ich müsse in die Firma und verschwand. Ich rief den Chef an und nahm mir den Tag frei. Ich musste nach Hause. Das Verlangen nach Schlaf war einfach übermächtig.

Sie wendet sich ihm erst dann zu, als ihr klar wird, dass sie ihn verlieren könnte. Die Angst, durch das geplante gemeinsame Leben verschlungen zu werden, wird abgelöst von der Angst, ihn zu verlieren. Anlass gibt es dafür wenig. Doch die drei Tage, die er ihr hinter-

her telefoniert hat, kann sie nicht als Beachtung wahrnehmen. Seine Schreie nach ihr verhallen ungehört. Sie hat kein Sensorium dafür, geliebt zu werden. Kein Gespür dafür, dass sich jemand Sorgen um sie macht. Sie kann es nicht wahrnehmen.

Sie fühlt sich schuldig, kann ihm aber keinen reinen Wein einschenken, da ihre Verlustangst dies verbietet. Sie kann ihm noch nicht einmal ihre Bedürfnisse oder ihre Ängste erklären, da sie diese selbst nicht versteht. Deshalb kann sie nicht reden, denn sie müsste zu viel verschweigen, als dass er sie verstehen könnte. Zu ihm zu gehen ist das Maximum des Machbaren. Es birgt bereits genug Konfrontationspotenzial. Reden wäre ein zu hohes Risiko. Ihren Fehltritt muss sie verschweigen. Und auch ihre schlechten Seiten, denn dieses Mal, das hatte sie sich geschworen, möchte sie versuchen, perfekt zu bleiben.

Liebe und Hass sind die zwei Seiten der Medaille. Es gibt keine Liebe ohne Hass. Es gibt kein Glück ohne Schmerz. Es gibt niemals Schönheit ohne den Schrecken der Hässlichkeit. Denn tief eingebrannt ist das Wissen, dass es niemals Glück ohne ein abruptes Ende des Glücks geben wird. Dies vorwegzunehmen ist Teil der gespaltenen Gefühlswelt. Im Jetzt muss sie bereits abwerten, damit der Schmerz nachher nicht unmenschlich groß wird.

Sex ist hier wieder das Mittel zum Druckabbau. Aber es ist mehr: Es ist ein Vermeiden echter Nähe, ein Vermeiden der Kommunikation und des Erkennens.

Kevin ist wieder überglücklich, als Anna sich meldet und blendet alles Negative aus. Seine Psyche schreit nach dieser „Droge“, bei der es sich um die Emotionen handelt, die Anna in ihm ausgelöst hat. Und so ist er wieder überglücklich, als Anna in seiner Nähe ist.

Beseelt fuhr ich an diesem Morgen zur Arbeit. Sie war wieder da. Und das war alles, was zählte. Die Nacht war unglaublich intensiv und wir waren uns so nah gewesen. Mir war klar, dass ich mit dieser Frau mein Leben verbringen wollte. Ich dachte nur noch an sie und an die Wonnen dieser Nacht. An ihre zärtlichen Berührungen, ihre Liebkosungen, den Geruch ihrer Haare, unsere Leidenschaft. Unvergesslich für meine Sinne. Meinen Kollegen blieb das nicht verborgen. Sie machten ihre Bemerkungen darüber, dass ich über beide Ohren strahlte. So war es auch. Ich war der glücklichste Mensch auf diesem Planeten und hätte die ganze Welt umarmen können. Gegen zehn Uhr kam die erste SMS von ihr: „Ich liebe dich mein Schatz." Ich antwortete natürlich sofort: „Ich dich auch, über alles. Kuss." Als ich dann nachmittags ihre Stimme hören wollte, war ihr Handy aus. Ich machte mir keine großen Gedanken darüber, denn ich wusste, diese Frau liebte mich. Das hatte ich mit jeder Faser meines Körpers gespürt. Sie nahm mich an, wie ich war. Und sie verstand. Wir mussten nicht reden, ich fühlte mich auch so verstanden. Worte waren mit ihr nicht nötig, um sich einander nah zu sein. Ich freute mich auf unser gemeinsames Leben, auf unsere gemeinsame Wohnung, und darauf, dass wir Abend für Abend nebeneinander einschlafen würden. Wir hatten besprochen, diese Woche nach Möbeln zu schauen. Ich war im siebten Himmel! Endlich hatte ich die Liebe meines Lebens gefunden. Eine Frau, die hübsch ist, intelligent, offen, voller Herzenswärme und mich wie keine davor versteht! Langsam fing ich an, an Seelenverwandtschaft zu glauben.

Als ich zu Hause eintraf, griff ich wieder zur Rasierklinge. Diesmal aber schnitt ich mich nicht, sondern starrte vor mich hin. Der blanke Stahl schmiegte sich tröstlich an meine Haut. Kevin war so lieb und nett zu mir. Ich war das nicht wert, war dessen nicht würdig. Ich wusste noch nicht einmal, ob es die richtige Entscheidung war, zusammenzuziehen. Es gab so viele Dinge, die er nicht über mich wusste und auch nie erfahren sollte. So wusste er nichts über meine Schulden. Es war so peinlich. Er wusste nicht, dass ich zwei Mieten nicht bezahlte hatte und

Angst vor einer Kündigung hatte. Wir wollten doch zusammenziehen. War es richtig, ihm diese Dinge zu verschweigen? Wenigstens würde sich dann mein Problem mit der Wohnung lösen. Ich hatte nicht vor, meine Wohnung zu kündigen, aber ich ging fest davon aus, dass mein Vermieter froh sein würde, wenn ich ausziehen würde. Die Kaution konnte er ja behalten. Was sollte ich nur mit der Post machen? Ich wollte nicht, dass Kevin meine Briefe und Mahnungen sieht. Mir kam der Gedanke, einen Nachsendeauftrag zu erteilen. Und zwar dahin gehend, dass meine Post an meine beste Freundin Sabine umgeleitet werden würde. Mit meiner Mutter wollte ich nicht viel zu tun haben, denn ich war froh, dass ich ihr entronnen war.

Die Gedanken in meinem Kopf rotierten und ließen mich nicht zur Ruhe kommen. An Schlaf war nicht zu denken, obwohl ich todmüde war. Tausend Gedanken. Und das ewig drehende Karussell der Unsicherheit über die Sinnhaftigkeit meiner Entscheidungen.

Vielleicht war Kevin ja wirklich der Mann fürs Leben, der Richtige. Er sah gut aus, hatte einen guten Job und behandelte mich liebevoll. Er war sehr erfolgreich in seinem Job und verdiente gut. Das sprach für ihn. Er hatte vor, mich nächste Woche seiner Mutter vorzustellen. Der Gedanke erfüllte mich mit Widerwillen. Ich wollte nicht, dass er meine Mutter kennenlernen würde. Ich hasste sie. Ich hasste seine Mutter. Ich hatte mich damals geweigert, zu meiner Mutter zu gehen. Mein Vater wohnte mit seiner neuen Frau 150 km entfernt. Und seine neue Frau widert mich auch an. Es gab immer nur Stress, wenn ich zu meinem Vater oder zu meiner Mutter fuhr. Irgendwie würde es mir schon gelingen, das zu vermeiden. Ich plante, den Kontakt zu meinem Ex wieder einzudämmen, mich nicht mehr mit ihm zu treffen. Mit allem, was ich hatte, wollte ich nun endlich mein Leben in den Griff bekommen. Mir fiel mein Job ein. Und die Abmahnung, die ich erhalten hatte, weil ich nicht pünktlich gewesen war und einen Tag gefehlt hatte. Ich versuchte, das unangenehme Thema aus meinen Gedanken zu verdrängen. Es würde alles gut werden. Kevin und ich beabsichtigten, diese Woche Möbel auszusuchen. Ich musste nur noch mein monetäres Problem lösen. Ihm gegenüber konnte ich unmöglich zugeben, dass ich nicht über das Geld verfügte, um neue Möbel zu kaufen. Vielleicht könnte Sabine mir etwas leihen. Mein Ex hatte mir immer ausgeholfen. Aber es war ja Teil meines Plans, für mein neues Leben, keinen Kontakt mehr mit ihm zu pflegen, oder nur auf einem notwendigen Minimallevel.

Ich schrieb Kevin eine nette SMS und schaltete das Handy aus. Ein Gläschen Wein half mir schließlich, gegen 13 Uhr den lang ersehnten Schlaf zu finden.

Jetzt, da Kevin nicht bei ihr ist und seiner Arbeit nachgeht, kann sie ihn wieder aufwerten, ihn als attraktiven Mann mit vielen Vorzügen wahrnehmen. Seine nette Art bringt sie noch mehr in Verbindung mit ihren Schuldgefühlen, die sie ihm gegenüber ohnehin schon hat.

Ihr wird klar, dass sie aktiv handeln muss, um das perfekte Bild aufrechtzuerhalten. Das will geplant sein. Es muss jeder Schritt koordiniert werden. Die Angst vor einem Verlust der Kontrolle zwingt sie in tausend Gedanken. Die Angst, enttarnt zu werden und die Scham über ihre tatsächliche Existenz sind allgegenwärtig. Sie lassen sie selbst in großer, körperlicher Erschöpfung nicht los.

Aus eigener Kraft schafft sie es nicht, die Angst und das damit verbundene Gedankenkarussell abzustellen, weshalb der Alkohol erneut herhalten muss. In Verbindung mit der totalen Erschöpfung, die sie dann fühlt, kann sie abschalten und Ruhe im Schlaf finden.

Kevin kann nicht wissen, was in Anna vorgeht. Er ist nur überglücklich, dass alles wieder in Ordnung ist und dass er ihre Nähe so intensiv erleben kann. Er liebt Anna so wie niemanden zuvor. Denn noch nie zuvor hat er eine solch intensive Nähe erfahren.

Den ganzen Tag über versuchte ich, Anna zu erreichen. Ihr Handy war aus. Ich dachte darüber nach, sie in der Firma anzurufen. Aber sie hatte klar zum Ausdruck gebracht, dass sie das nicht schätzte. Sie rief nie bei mir im Büro an und wünschte auch nicht, dass ich sie in ihrem anrief. Das war verständlich, denn Job ist Job. Aber ich machte mir Sorgen. Denn ich wollte nicht, dass sich so etwas wiederholte, wie die drei Tage ohne jeglichen Kontakt. Mir war es damals sehr schlecht ergangen und das wollte ich vermeiden. Lange überlegte ich, wählte dann schließlich ihre Nummer, legte wieder auf, wählte wieder, legte wieder auf und ließ es am Ende dann doch klingeln. Eine Stimme, die ich nicht kannte, meldete sich. Ich fragte nach Anna. Die Stimme sagte: „Anna war heute nicht hier." Mein Magen zog sich reflexartig zusammen. Was war passiert? Aus Sorge entschied ich mich, zu ihr zu fahren. Aus dem Büro verschwand ich früher, denn ich war wie gelähmt und völlig unproduktiv. Auf mein Klingeln hin öffnete niemand. Ich klingelte und klingelte voller Angst. Bei ihr war es dunkel. Als ich schon zum Umdrehen angesetzt hatte und gehen wollte, stand sie auf einmal verschlafen und müde an der Tür. Besorgt fragte ich, was los und ob alles o. k. sei. Sie sagte, sie sei müde, habe viel gearbeitet und wolle sich hinlegen. Ich erblasste und hielt ihr entgegen, dass sie heute nicht arbeiten war und ich darum wisse.

Ohne Vorwarnung verzerrte sich ihr sonst so hübsches Gesicht zu einer Fratze des Abscheus. Sie verdrehte die Augen und brüllte mich an: „Du kontrollierst mich! Was soll das?" Ich erschrak, denn das war nicht die Anna, die ich kannte. Ganz leise erwiderte ich: „Dein Handy war aus.

Ich habe mir Sorgen um dich gemacht und bei dir in der Firma angerufen." Ihre Haltung war abweisend. Ihre Augen glitzerten vor Hass.

„Du vertraust mir nicht! Das ist keine Liebe! Du willst mich nur kontrollieren! Wer gibt dir das Recht, mich zu kontrollieren? Wer gibt dir das Recht, mir auf meinen Arbeitsplatz nachzustellen und in der Firma anzurufen? So jemanden brauche ich nicht in meinem Leben! Verschwinde, geh mir aus den Augen! Lass mich ja in Ruhe, du elender Kontrollfreak! Du bist eine Enttäuschung auf ganzer Linie! Lass mir meinen Frieden!"

Sie knallte mir die Tür vor der Nase zu. Zu Hause angelangt waren die Erinnerungen an den Heimweg bereits bis zur Unkenntlichkeit verblasst. Ich war wie in Trance. Dieser Gesichtsausdruck! Was hatte ich falsch gemacht? Ich wusste, es war nicht richtig gewesen, dort anzurufen und unangemeldet vor der Tür zu stehen. Aber wie sonst hätte ich handeln sollen?

Eine zähe Müdigkeit hüllte mich ein. Es dauerte eine Weile, bis ich begriff, dass es an der Tür klingelte. Nein, nicht klingelte: Sturm klingelte. Jäh von Panik geschüttelt sprang ich auf. Mein Blick fiel auf die Uhr. Es war bereits nach 16 Uhr. Es konnte also kein Gerichtsvollzieher und keine Post mehr sein und Sabine war im Urlaub. Sie schied also auch aus. Mein Ex? Er ruft vorher immer an. Kevin musste noch auf der Arbeit sein. Das Klingeln verstummte nicht. War etwas Schlimmes passiert? Ich öffnete die Tür. Vor mir stand Kevin mit einem merkwürdigen Blick in den Augen. Er war der letzte, den ich erwartet hätte, denn er arbeitete normalerweise bis 18 Uhr. Ich sah nicht vorteilhaft aus, roch nach Wein und nach meinem Bett. Er wirkte fremd. Damit er schnell verschwand, erklärte ich ihm, ich hätte heute viel gearbeitet und sei müde. Da sagte er, er habe in der Firma angerufen und erfahren, dass ich heute nicht da gewesen sei. In dem Moment brannten bei mir alle Sicherungen durch. Ich fühlte mich so unendlich verraten, belogen, kontrolliert. Er hatte mein Vertrauen missbraucht. Ich schrie ihn an, weil ich es nicht aushielt, wie er mich behandelte. Mich zerriss es vor Wut, dass er mich kontrollieren wollte, und ich war zutiefst enttäuscht von ihm. Er widerte mich an. Ich verachtete ihn. Ich konnte nicht verstehen, weshalb er mein Vertrauen so missbraucht hatte. Ausgerechnet er, wie auch schon so viele vor ihm. Sie waren doch alle gleich, so abstoßend in ihrer mangelnden Loyalität. In ihrem Verrat, ihrem zerstörerischen Kontrollwahn! Ich war nicht willens, mir Derartiges gefallen zu lassen. In mir kochte es. Ich war so voll von Hass, dass ich mich zurückhalten musste, um nicht zuzuschlagen. Ich knallte die Tür zu, wollte ihn nie wieder sehen. Als ich wieder allein war, kippte ich den restlichen Wein hinunter und öffnete eine neue Flasche. Kevins Nummer löschte ich, denn die würde ich niemals wieder brauchen. Kontakt wollte ich in meinem ganzen Leben nicht mehr mit ihm haben. Da war nichts, was meine Meinung jemals wieder hätte ändern können. Er hatte mein Vertrauen zertrampelt wie einen übersehenen Hundehaufen und meine Liebe in die spitzen Zacken zerbrochenen Glases getreten. Hasserfüllt schaute ich der Flasche nach, die soeben zu meinen Füßen zu Bruch gegangen war.

So trank ich weiter und schickte meinem Ex eine SMS. Ihn wollte ich sehen. Er kam noch am gleichen Abend und wir landeten im Bett. Auch das widerte mich an, aber mir war alles egal. Ich war mir egal, mein Ex war mir egal, Kevin sowieso und der Job ebenfalls. Im Grunde wollte ich nicht mehr leben. Die Optionen, die dieses Leben so für mich bereithielt, machten mich alle nicht an. Es ergab einfach keinen Sinn. Ich warf meinen Ex aus der Wohnung und wendete mich der stählernen Schärfe meines Trostes für alle Lebenslagen zu. Das Blut floss aus mir heraus. Teilnahmslos betrachtete ich, wie die fremde Flüssigkeit aus mir rann. Danach machte ich mich auf die Suche nach etwas Essbarem und fand auch so einiges, was mich dann aber doch mit einem unbe-

friedigten Gefühl zurückließ. Hinterher hing ich über der Kloschüssel und kotzte mir das aus dem Leib, was noch an Seele verblieben war. Irgendwann in den Morgenstunden übermannte mich dann gnädig der Schlaf und mein Innerstes konnte endlich ruhen.

Die Schuldgefühle aufgrund der Zweifel an ihrer Liebe werden offensichtlich. Eben wegen dieser Schuldgefühle, die sie versucht abzustreifen, erwartet sie auch von Kevin nur Schlechtes. Um ihm eine unangenehme Last der Schuld zuweisen zu können, greift sie ihn an. Damit sie sich selbst als glaubhaft wahrnehmen kann, übertreibt sie es so lange, bis sie selbst davon überzeugt ist, und steigert sich dann noch weiter hinein. Radikal malt sie auch das „Bild" von Kevin schwarz. Sie wertet ihn ab, damit die eigene, in ihren Augen verlogene, nicht zur aufrichtigen Liebe fähige, schuldige Existenz aus dem Fokus rückt. Das ist Projektion in Reinform. Sie projiziert alle negativen Gefühle und die ganze Schuld auf Kevin. Sie spaltet, indem sie ihn abwertet. Allerdings wertet sie sich gleichzeitig selbst ab. Denn sie ahnt, dass sie ihm Unrecht tut, muss sich aber vor ihren negativen Gefühlen schützen. Und deshalb greift hier der Spaltungsmechanismus ein.

Da das Gefühl der Schuld immer noch da ist, als Kevin geht, versucht sie, die Schuld so zu verdrängen, indem sie eine von der Beziehung völlig unabhängige Situation erschafft. Hierzu ruft sie den Ex an. Das Resultat ist mäßig, die Schuld immer noch da. Der Sex dient dann dem Druckabbau. Er ist Mittel zum Zweck. Da auch diese Maßnahme nicht funktioniert, baut sie den Druck durch Selbstbestrafung ab: Ritzen, exzessives Essen, Trinken und Erbrechen. Die Situation endet in totaler Erschöpfung.

Kevin wird mit einer anderen Seite von Anna konfrontiert und kann sich ihrem Hass nicht entziehen.
Für ihn ist die ganze Situation nicht nachvollziehbar. Er ist geschockt und nimmt die Schuld auf sich. Er kann nicht ahnen, dass es um Projektion geht. Und er kann nicht ahnen, dass er für Anna in dem Moment der „Feind" war. Denn er hat sie mit ihren Unzulänglichkeiten konfrontiert, ohne es zu wissen. Er hat sie quasi in ihrer Lüge ertappt. Dies hat in Anna Todesangst ausgelöst, sodass sie ihn abwerten musste, um sich mit den eigenen Gefühlen nicht konfrontieren zu müssen. Kevin fängt an, an sich zu zweifeln. Anna spaltet.

Meine Beine trugen mich kaum nach Hause. Als ich endlich ankam, war ich erschöpft, verwirrt, wie vor den Kopf gestoßen und fühlte mich hilflos. Ich wusste nicht, was ich falsch gemacht hatte. Ihre Reaktion verunsicherte mich. War es so furchtbar, dass ich sie auf der Arbeit angerufen hatte? Tatsächlich hatten wir ausgemacht, dass wir uns in der Firma nicht gegenseitig anrufen. Gegen diese Abmachung hatte ich verstoßen und es somit wahrscheinlich vermasselt. Aber ich liebte diese Frau. Ich hatte mir solche Sorgen gemacht. Was hätte ich denn sonst in meiner Sorge tun sollen? Ich hoffte inständig, dass sie sich beruhigen würde. Ich schickte ihr eine SMS: „Verzeih mir! Ich habe mir nur Sorgen um dich gemacht, weil ich dich liebe. Ich wollte dich auf keinen Fall kontrollieren oder gar verletzen! Ich hoffe, du verstehst das!" Es kam keine Antwort. Ich versuchte, sie zu erreichen. Nichts. Ihr Handy war aus. Ich versuchte es immer und immer wieder. Aber es blieb stumm. Ich schwor mir, sie nie mehr im Büro anzurufen oder bei ihr ohne Anmeldung aufzutauchen. So saß ich auf einer der bereits gepackten Kisten in meiner halb leeren Wohnung und starrte ins Leere. Angst umhüllte mich. Ich konnte mir ein Leben ohne Anna nicht mehr vorstellen. Ich liebte sie so sehr. Ich hätte gerne alles rückgängig gemacht, wenn es möglich gewesen wäre. Zum Glück war es Freitag und ich musste am nächsten Tag nicht arbeiten. Ich schämte mich für das, was ich getan hatte und hoffte auf Vergebung. Als mein Telefon klingelte, nahm ich sofort den Hörer ab, da ich hoffte, es wäre Anna. Aber am anderen Ende der Leitung war nur Rudi, ein guter Freund. Er wollte mir nur mitteilen, dass er jetzt losfahren würde. In der Woche davor hatten wir ausgemacht, das heutige Fußballspiel auf meiner Couch, mit dem einen oder anderen Bierchen, anzuschauen.

Zwanzig Minuten später stand er mit zwei Sixpacks in der Hand vor meiner Tür. Als er mich sah, stutze er, hielt kurz inne und fragte, was mit mir los sei. Er fügte hinzu, er habe bereits am Telefon gemerkt, dass ich irgendwie abwesend sei. Ich erzählte ihm alles, was passiert war. Der Fernseher lief, aber wir redeten den ganzen Abend nur über Anna. Ich schaute immer wieder auf mein Handy, in der Hoffnung, ein Lebenszeichen von ihr zu erhalten. Rudi tröstete mich damit, dass sie möglicherweise wirklich aus triftigem Grund zu Hause gewesen sei. Dann brauche sie wahrscheinlich Zeit, um sich zu beruhigen. Es ist möglich, dass ihr morgens schlecht geworden und sie deshalb früher von der Arbeit nach Hause gegangen ist. Oder es könnte sein, dass ihr auf dem Weg zur Arbeit schlecht geworden ist. Ich sollte nicht so klammern und sie nicht kontrollieren. Sie würde sich sicher die Tage melden. Frauen seien eben so. Das Gespräch mit Rudi beruhigte mich etwas und baute mich auf. Dennoch lag ich die ganze Nacht wach. Was machte sie? Wie es ihr wohl ging? Ich war verrückt nach dieser Frau. Samstag früh klingelte das Telefon.
Wieder war ich sofort am Apparat, in der Hoffnung, Annas Stimme zu hören. Eine enttäuschte Hoffnung. Es war meine Mutter. Sie wollte wissen, wann Anna und ich am nächsten Samstag zum Essen kommen. Ich habe gesagt, dass wir es noch nicht genau wissen, dass ich ihr aber rechtzeitig Bescheid geben werde. Sie fing dann wieder an, Fragen zu stellen: Wo arbeitet Anna? Wo kommen ihre Eltern her? Meine Mutter war der Meinung, dass alles viel zu schnell ging, und bat mich deshalb,

es langsamer angehen zu lassen. Da ich nicht gut drauf war, aber meine Mutter nicht verärgern wollte, sagte ich ihr, Rudi stehe vor der Tür und warte. Meine Mutter wollte immer alles wissen und machte sich immer noch Sorgen um mich. Obwohl ich inzwischen das doch reife Alter von 40 Jahren erreicht hatte, nahm sie sich immer noch das Recht heraus, sich in mein Leben einzumischen. Ich weiß, sie meint es gut. So sind die Mütter halt. Aber das Nervenkostüm wird dadurch doch zuweilen beansprucht.

Am Samstag erwachte ich erst gegen Mittag. Das Erste, was mir ins Auge fiel, war mein blutiges Bettlaken. Ich schlüpfte aus dem Bett, zog alles ab und warf die Bettwäsche in die Waschmaschine, die ich auch sofort einschaltete. Dann stellte ich mich unter die Dusche. Es war ein neuer Tag. Die Sonne schien und ich wollte ein paar Stunden draußen im Licht verbringen. Also holte ich Marianne, eine Freundin, ab und ging mit ihr einen Kaffee trinken. Wir verabredeten uns für den Abend. Ich hatte Lust zu feiern. Marianne fragte mich nach Kevin, aber ich wechselte schnell dieses für mich zurzeit eher unangenehme Thema. Weder wollte ich darüber reden, noch auch nur darüber nachdenken. Auf der Party angekommen, erkannte ich den DJ als meinen alten Bekannten Marco wieder und freute mich, als er mich so herzlich begrüßte. Er war süß. Früher hatte ich was mit ihm. Es war aber auch schwer, seinem Charme zu widerstehen. Wie ich sehen konnte, war sein Schwarm weiblicher Verehrerinnen auch nicht kleiner geworden. Marianne und ich tanzten, tranken und amüsierten uns stundenlang. Es war herrlich, die Gedanken treiben zu lassen, eins zu werden mit der Musik und nichts, aber auch gar nichts zu denken. Als Marco mit dem Auflegen fertig war, gingen wir zu ihm. Wir tranken noch etwas zusammen. Als wir schließlich betrunken waren, fühlten wir uns schwerelos, genossen den Moment und küssten uns. Am nächsten Morgen holte mich die Realität ein. Marco schlief noch. Ich war mit ihm im Bett gewesen. Meine Kleidung lag überall verstreut, ich hatte noch nicht einmal eine Zahnbürste dabei und fühlte mich klebrig und ekelhaft. Ich klaubte zusammen, was mir gehörte, und verließ lautlos seine Wohnung.

Nachdem ich mich zu Hause geduscht hatte, schaltete ich mein Handy an. Ich wollte Marianne erklären, weshalb ich sie hatte sitzen lassen. Vom Display leuchteten mir acht entgangene Anrufe und zwei SMS von Kevin entgegen. Ich überlegte kurz, die SMS zu löschen, las sie dann aber doch.

Ich war immer noch sauer, dass er entgegen unserer Abmachung in der Firma angerufen hatte. Er entschuldigte sich und begründete seine Anrufe damit, dass er sich Sorgen gemacht habe. Ich wollte nicht, dass sich jemand Sorgen um mich machte. Ich war mit meinen 34 Jahren erwachsen und selbst für mich verantwortlich. Ihn ging es nichts an, ob ich erreichbar war oder nicht. Ich schrieb ihm zurück, er solle mich in Ruhe lassen. Was bildete der Vollidiot sich eigentlich ein? Ich war doch nicht sein Eigentum. Er sollte mich in Ruhe lassen. So etwas braucht doch kein Mensch! Postwendend kam auch schon die Antwort auf meine SMS, als hätte er darauf gelauert: „Ich weiß, dass ich einen Fehler gemacht habe. Ich lasse dir Zeit. Ich liebe dich über alles." Nachdem ich das gelesen hatte und auch den Anruf bei Marianne erledigt hatte, schaltete ich das Handy wieder aus. Auf all das hatte ich keinen Bock. Ich war stinksauer und kochte innerlich vor Zorn. Alle wollten sich in mein Leben einmischen. Alle wollten kontrollieren, wann ich wo zu sein hatte. Sie sollten mich in Ruhe lassen!

Um dem Gefühl der Schuld und Scham zu entgehen, geht sie exzessiv feiern. Durch dieses weitere Extrem verschafft sie sich Freiheit von quälenden Gedanken und Schuldgefühlen und eine andere Realität. Sie spaltet den unangenehmen Teil einfach ab, es gibt ihn in dieser

Realität nicht. Und um die Flucht andauern zu lassen, verlängert sie den Abend so lange, bis sie schließlich mit Marco im Bett landet. Das Aufwachen ist hart.

Zu dem schlechten Gewissen gegenüber Kevin kommt nun noch ihr Schuldgefühl hinzu, weil sie Marianne allein gelassen hatte. Die Konfrontation mit Kevin oder Marianne ist ihr auf einer vernünftigen Ebene nicht möglich. Sie zwingt beide in die Rolle der Verursacher ihres kontrollierten und eingezwängten Daseins und schiebt die Schuld auf sie ab, wie auch zuvor in solchen Situationen. Projektion als Bewältigungsmechanismus für eine unangenehme Situation.

Kevin ertrinkt in Selbstzweifel. Er fühlt sich schuldig und hat den Drang, sich bei Anna zu entschuldigen. Er fühlt und denkt, dass er etwas Falsches getan hat und versucht sich dafür zu rechtfertigen. Sie hat ihn mit ihrem Verhalten so weit gebracht, dass er sich sogar für das, was er getan hat, schämt. Er will alles tun, um Anna wieder zurückzubekommen. Kevin verliert sich immer mehr in der Beziehung und wird immer abhängiger von Anna, ohne es bewusst wahrzunehmen.

Am Sonntagnachmittag kam endlich eine SMS von Anna. Allerdings nicht wie erhofft. „Lass mich in Ruhe", teilte sie mir mit. Sie war also wohl immer noch sauer auf mich wegen neulich. Wenigstens hatte sie reagiert. Das beruhigte mich. Mein Gefühl sagte mir, dass sie sich bald melden würde. Ich würde immer für sie da sein und hoffte einfach, dass sie sich bald wieder beruhigte. Wir wollten doch diese Woche nach Möbeln schauen und am nächsten Wochenende zu meiner Mutter fahren. Ich konnte an nichts anderes mehr denken, hatte nur sie im Kopf. Noch nie zuvor hatte ich jemanden so geliebt.

Ich hoffte, dass ich diese Nacht besser schlafen könne, denn für den nächsten Tag war ein wichtiges Meeting im Büro geplant. Es ging um mein Projekt und ich sollte es am Montag präsentieren. Das musste ich noch vorbereiten. In der Firma hatte ich mich hochgearbeitet. Und als ich Anna traf, war mein Leben annähernd so, wie ich es mir immer vorgestellt hatte. Beruflich war ich sehr weit gekommen und auch stolz darauf. Als Anna in mein Leben trat, gab sie mir das, was neben meiner Karriere noch gefehlt hatte. Die Kisten waren schon gepackt. Ich würde bald in unsere neue Wohnung einziehen. Wir würden dort bald einziehen. Ich hoffte auf eine gemeinsame Zukunft mit Anna, einen gemeinsamen Lebensentwurf. Sie würde sich schon beruhigen.

Montag. Ich musste arbeiten gehen, fühlte mich aber absolut nicht danach. Ich stand auf und machte mich fertig, konnte mich aber nicht überwinden loszugehen. Ich hatte schlicht keine Lust zu arbeiten. Ich legte noch einen Pad in die Kaffeemaschine ein und dachte darüber nach, ob ich besser hingehen oder dort anrufen und mich als krank entschuldigen sollte. Vielleicht sollte ich mich auch vom Arzt krankschreiben lassen?

Schließlich überwand ich meine Unlust und begab mich ins Büro. Meine Kollegen waren irgendwie komisch. Sie ignorierten mich. Mein Chef kam kurz an meinen Schreibtisch, brachte mir einige Akten und fragte, ob alles in Ordnung sei. Was wollte er von mir? Eine Kollegin teilte mir mit, jemand habe am Freitag angerufen und nach mir gefragt. Ich ging davon aus, dass sie von Kevin sprach. Aus ihren Augen glitzerte die Neugier, als ob sie wissen wollte, ob es wieder so eine Geschichte wie mit meinem Ex war. Nachdem ich damals mit ihm Schluss gemacht hatte, hatte er immer wieder und wieder im Büro angerufen. Es war sehr nervig gewesen. Ich ignorierte meine Kollegin und hüllte mich in Schweigen. Was ging sie das an? Viel wichtiger war für mich die Frage, weshalb mein Chef persönlich zu mir kam, um mir Akten zu bringen.

Das hatte er noch nie gemacht. Seine Frage, ob alles in Ordnung sei, empfand ich als übergriffig. Konnten sie mich nicht einfach in Ruhe lassen? Es war einfach nur anstrengend.

Ich seufzte erleichtert, als ich endlich zu Hause eintraf. Mit einem leichten „plopp" löste sich der Korken aus der Weinflasche. Ich schenkte mir ein Glas ein und sah mich um. Die Wohnung sah aus wie ein Schlachtfeld. Die Wäsche war immer noch in der Waschmaschine und ich wollte nur eines – mich auf die Couch legen, ein wenig vor mich hindämmern und einfach nichts tun. Marianne hatte sich für heute angemeldet, aber noch nicht einmal auf sie hatte ich Lust. Sie ist eine ganz Liebe, aber manchmal etwas nervig. Sie verstand mich nicht wirklich und stellte immer wieder die gleichen Fragen. Ich konnte ihr nicht schon wieder absagen, weshalb ich beschloss, das heute auch noch über mich ergehen zu lassen. Irgendwie würde ich das schon aushalten.

Gegen 20 Uhr klingelte es. Es war Marianne. Schon als ich beim Öffnen der Tür ihre gute Laune und ihre Energiegeladenheit wahrnahm, hätte ich die Tür am liebsten wieder zugemacht. In der Wohnung angelangt, fing sie sofort an, mich über Kevin auszufragen. Sie wollte wissen, weshalb ich noch vor drei Wochen im siebten Himmel schwebte und von Heirat gesprochen hatte, und jetzt so böse auf ihn war. Sie nervte. Sie verstand einfach gar nichts. Ich wollte weder darüber reden, noch langwierig und mühevoll versuchen, ihr mein Seelenleben zu erklären. Sie würde es ja ohnehin nicht verstehen. Gegen 22 Uhr deutete ich an, dass meine Müdigkeit mich ins Bett zwingen würde, worauf sie anstandshalber verschwand.

Ich legte mich auf die Couch und starrte an die Decke. Das Chaos schrie laut in meinem Kopf. Ich legte Musik auf und stellte den Regler fast auf Maximum, sodass die Lautstärke das Chaos übertönte. Der

Wein rann in kleinen Schlucken meine wunde Kehle herab und linderte die Anspannung. Schließlich klingelten meine idiotischen Nachbarn, führten sich auf wie die Ordnungspolizei selbst, verschwanden aber, als ich die Musik leiser gedreht hatte. Ich hasste sie alle. Ich wollte da raus. Was machte ich in diesem Haus voller Spießer? Ich hasste mein Leben. Auf dem Weg in die Küche, um nach einer weiteren Flasche Wein zu suchen, kam ich am Spiegel in der Diele vorbei. Ein hässliches, unförmiges Monster grollte mir entgegen. Tastend fuhren meine Hände zum Hosenbund. Dort konnte ich schon spüren, wie das Fett anfing zu quellen. Bald würde es mich vereinnahmt und verunstaltet haben. Ich ekelte mich vor mir selbst. Am liebsten hätte ich den Spiegel zerschlagen, aber das würde ja nichts ändern. Das Monster war ich. Tausende Gedanken später glitt mein Bewusstsein erschöpft in die dunklen Schatten des Schlafes.

Der Verunsicherung im Büroalltag entkommt Anna auch nicht im Feierabend. Eine Klärung ist ihr nicht möglich, sie spürt ihre eigene Verunsicherung kaum. Die unsortierten Gefühle werden zu Hause zum unstrukturierten Chaos. Der Druck lastet auf ihr. Sie erreicht nur minimale Linderung der Anspannung durch den Wein.

Eine Ausprägung des Chaos ist ihre verzerrte Körperwahrnehmung. In Kombination mit dem immer vorhandenen Selbsthass führt sie zu Selbstekel und Abwertung ihrer ganzen Erscheinung als „Monster".

Kevin ist beruhigt, als er die SMS von Anna bekommt. Er hofft, dass sie sich wieder beruhigt und versucht sich mit diesem Gedanken anzufreunden, um den Alltag einigermaßen bewältigen zu können. Auch wenn diese SMS von Anna inhaltlich nicht das war, was er erwartet hatte, hat nur die Tatsache, dass sie sich gemeldet hat, seinen Schmerz gelindert.

Heute war Donnerstag und ich hatte immer noch nichts von Anna gehört. Ich wusste nicht, was los war. Wir wollten nach Möbeln schauen, wie sollte ich das ohne sie machen? Ich musste den Umzug vorbereiten und organisieren, aber wie sollte ich das machen, ohne zu wissen, welche Möbel wir haben würden? Mir ging es nicht gut. Ich aß kaum und meine Gedanken kreisten um Anna. In einer Woche nahm ich drei Kilogramm ab. Von Freunden und Kollegen wurde ich immer wieder darauf angesprochen, dass es mir nicht gut zu gehen schien. Am Abend kam endlich eine SMS von Anna: „Hallo. Wie geht's dir?“ Ich nahm sofort mein Telefon in die Hand und rief sie an. Ich war einfach nur froh, ihre Stimme zu hören. Sie hörte sich sehr traurig an. Sie fragte mich, ob sie vorbei kommen könne. Eine Stunde später stand sie vor der Tür. Ich war so glücklich, sie wieder in meine Arme schließen zu können. Wir umarmten uns lange. Sie fing dann auf einmal an zu weinen und beteuerte, wie sehr sie mich doch lieben würde, und dass sie mich nie wieder loslassen wolle. Sie kam mir vor wie ein kleines hilfloses Mädchen, und das Gefühl von Verbundenheit war wieder da. Ich hätte sie am liebsten nie wieder losgelassen. Sie sagte mir auch, dass sie sich darauf freue, mit mir zusammenzuziehen. Wie konnte ich nur jemals daran zweifeln. Sie blieb die ganze Nacht bei mir und schlief in meinen Armen ein. Ich blickte noch lange auf ihr schlafendes Gesicht, hielt sie, und hoffte inständig, dass alles gut werden würde.

Am Freitag, nach der Arbeit, machten wir uns auf die Suche nach Möbeln. Sie freute sich wie ein kleines Kind. Wir zogen durch mehrere Möbelhäuser und probierten die Möbel aus, wie zwei verliebte Teenager. Ich genoss es, Anna dabei zu beobachten, wie sie auf die Betten hüpfte, und ließ mich nur zu gern an der Hand überall hinterher ziehen. Diese offene, kindliche Art liebte ich an Anna. Alles war so schön und gut. Meine Mutter erwartete uns für Samstag, aber diesen Besuch verschob ich. Ich wollte mit Anna allein sein und den Umzug planen. Jetzt war es sicher, dass wir zusammenziehen würden. Anna wollte, dass wir das Wochenende in der neuen Wohnung verbrachten. Sie konnte es kaum noch erwarten.

Scheiß Mittwoch. Als ich nach Hause kam, spuckte mir mein Briefkasten einen Brief meines Vermieters entgegen. Er sprach mir doch tatsächlich eine Abmahnung aus! Wenn ich nicht binnen kürzester Zeit die Mieten beglich, würde er mir die Wohnung kündigen. Dieses selbstgefällige, ich-zentrierte Arschloch! Er hatte doch genug Wohnungen, mit denen er Geld verdiente. Konnte er mich nicht in Ruhe lassen? Woher sollte ich das Geld nehmen? Und dann noch so kurzfristig? Nun, ich hatte ohnehin keine Lust mehr, weiter in diesem Loch zu wohnen. Vielleicht war es ja auch ein Zeichen, vielleicht sollte ich wirklich mit Kevin zusammenziehen. Er war doch nicht verkehrt, im Gegenteil. Er war fürsorglich und liebte mich. Er würde mich nicht hängen lassen. Sollte ich ihn anrufen? Er fehlte mir ja doch.
Abends traf ich mich mit Sabine. Sie war erst am Tag zuvor aus dem Urlaub zurückgekommen. Wir sahen uns Urlaubsfotos an. Die Fotos von ihr, ihrem Mann und ihrem Kind waren unglaublich niedlich. Sofort weckten sie eine schneidende Sehnsucht in mir. Mir wurde in diesem Moment schlagartig klar, dass ich mir nichts anderes wünschte als eine Familie und ein Zuhause. Sabine fragte nach Kevin. Ich erwähnte, dass wir etwas gestritten hatten, betonte aber, dass es schon wieder werde. Ich legte ihr gegenüber meine Pläne offen, mit Kevin zusammenzuziehen. Sie bestätigte mich darin und sagte, das sei sicherlich ein gutes Vorhaben. Sie mochte Kevin auch, obgleich sie ihn nur ein einziges Mal gesehen hatte. Sie sagte lächelnd, dass er gut aussehe, einen guten Job habe und zu mir passe. Auf dem Weg nach Hause musste ich die ganze Zeit an Kevin denken. Sollte ich ihn anrufen? Er war bestimmt sauer auf mich. Hatte er womöglich schon eine Neue? Er hatte sich nicht mehr bei mir gemeldet. In mir stieg die Angst auf, dass er nichts mehr für mich empfand und auch nicht mehr für mich da sein würde. Anrufen konnte ich ihn nicht. Es war eine lähmende Angst, die

aufgestiegen war und deren Kälte ich sogar auf meiner Haut spüren konnte. Ich würde mich morgen bei ihm melden. Heute würde ich es nicht aushalten, wenn meine Befürchtungen sich bewahrheiten würden. Tags darauf ging ich wieder arbeiten. Wir schrieben Donnerstag. Den ganzen Tag huschten Gedanken an Kevin durch meinen Kopf. Dachte er noch an mich? Hatte er mich bereits vergessen? Vielleicht wollte er nichts mehr von mir wissen. Ich war ihm möglicherweise egal. Ich las seine letzte SMS und mir wurde klar, dass er diese bereits vor fast einer Woche abgesendet hatte. Was war in der Zwischenzeit passiert? Hatte er bereits eine andere? Vermisste er mich denn gar nicht? Ich vermisste ihn und mochte ihn. Vermutlich liebte ich ihn sogar. Ich hoffte inständig, dass er mich noch nicht vergessen hatte.

Nachdem der Tag mich mit seinen Zweifeln und Unwägbarkeiten genug gequält hatte, schrieb ich ihm abends eine SMS. Ich las sie mindestens zehn Mal, bevor ich sie versendete. Ich sehnte mich nach ihm, ich wollte ihn sehen. In mir nagte die Angst, dass er nicht reagieren würde. Weniger als eine Minute nachdem ich den „Senden"-Knopf gedrückt hatte, klingelte mein Handy. Es war Kevin. Mein Herz klopfte, aufgeregt versuchte ich meine Nervosität unter Kontrolle zu bekommen. Wir vereinbarten, uns bei ihm zu treffen. Als ich dort eintraf, nahmen wir uns ganz fest in die Arme. Alles war gut. Ich war so glücklich in seinen Armen, fühlte mich so geborgen. Ein Schluchzer stieg in meiner Kehle auf und ließ sich nicht unterdrücken. Tränen liefen aus meinen Augen. Ich war so glücklich. Ich blickte in seine Augen und schluchzte, dass ich mich sehr freuen würde, mit ihm zusammenzuziehen. Kevin war ein toller Mann. Ich liebte ihn sehr.

Am Freitag streiften wir wieder durch Möbelhäuser. Ich fühlte mich unendlich wohl. Die Sonne schien außen wie innen, und das Leben war schön. Wir bewarfen uns im Möbelhaus mit Kissen, lachten, scherzten, machten Unsinn und genossen den Augenblick. Der Gedanke an die gemeinsame Wohnung stimmte mich glücklich. So schlug ich vor, dass wir das Wochenende in der neuen Wohnung verbringen sollten. Kevin war einverstanden. Wir würden eine Matratze mitnehmen und auf dem Boden schlafen. Innerlich zerbarst ich fast vor Freude. Das Leben konnte so schön sein!

An Anna nagt Existenzangst, veranlasst (nicht: verursacht) durch die drohende Wohnungskündigung sowie die Sehnsucht nach einem Zuhause, veranlasst (nicht: verursacht) durch die Fotos der glücklichen Familie der Freundin.
Kevin ist in diesem Moment die Lösung der Probleme: neue Wohnung und potenzieller Partner zur Gründung einer Familie. Allein das zählt. Die vormals als schlecht oder unattraktiv empfundenen Seiten von Kevin treten dahinter komplett zurück. Verstärkt wird dieser Effekt dadurch, dass er im Moment auf Distanz ist. Anna wertet ihn auch dadurch auf.
So kann Kevin in Annas Wahrnehmung wieder perfekt werden: Held, Erretter, zumindest solange er und mit ihm die Realität ihr nicht zu nahe kommen. In dieser Situation sehnt sich Anna nach einer Symbiose. Sie hat eine euphorisch-verklärte Sicht von Kevin.
Kevin tut die ganze Beziehung nicht gut, was sich schon durch sein Aussehen bemerkbar macht. Innerer Stress, Fixierung auf Anna und die Gedanken, die nur um sie kreisen, haben schon sichtbare Spuren hinterlassen. Kevin vergisst alles, was zuvor geschehen ist, als Anna sich wieder meldet und in seiner Nähe ist. Ihre kindliche, offene Art beschert ihm immer wieder intensive Gefühle der Verbundenheit. Er ist jedes Mal wie frisch verliebt. Anna hat die „Macht“ über seine Gefühlswelt „übernommen“ oder anders ausgedrückt, Kevin hat Anna unbewusst die „Fernbedienung“ für seine Gefühlswelt „übergeben“ und Anna drückt die „Knöpfe“.
Die Borderline-Beziehungsdynamik hat ihren Lauf genommen.

Am Samstagmorgen fuhren wir auf Annas Vorschlag hin ein weiteres Mal ins Möbelhaus. Wir einigten uns auf eines der Betten und ich bezahlte es. Rudi unterstützte uns aus freundschaftlicher Verbundenheit mit seinem Kombi. Wir verstauten das Bett sorgfältig im Auto und fuhren nach Hause. Rudi und ich setzten Anna bei mir in der alten Wohnung ab und fuhren zur neuen Wohnung. Wir bauten das Bett auf, während Anna in meiner alten Wohnung kochte. Als wir zu meiner bisherigen Wohnung kamen, öffnete Anna uns die Tür. Ihr Lächeln warf mich fast um. Sie strahlte über das ganze Gesicht und kam mir mit offenen Armen entgegen. Ich drückte sie fest an mich. Es war so rührend, dass sie sich so für unsere erste Nacht in der neuen Wohnung begeistern konnte. Rudi freute sich für uns. Als er nach dem Essen die Wohnung verließ, bereiteten auch wir uns zum Gehen vor. So nahmen wir eine Flasche Sekt, ein paar Kerzen und fuhren in die neue Wohnung. Stunden später lagen wir uns in den Armen. Ich würde diese Nacht nie vergessen. So intensiv, so leidenschaftlich und doch zärtlich. Wir beschlossen, in zwei Wochen einzuziehen, zum Ersten des nächsten Monats. So war das mit dem Vermieter der neuen Wohnung vereinbart. Und ich hatte sogar einen Nachmieter zum 15. des Folgemonats gefunden. Ich rief den Nachmieter an und erklärte ihm, er könne den Schlüssel bereits zum Ersten haben. Anna äußerte, sie wolle auch zum Ersten umziehen, sie wolle in ihrer alten Wohnung ohnehin nicht mehr wohnen. Am Montag rief ich die Umzugsfirma an und vereinbarte einen Termin für den kommenden Samstag. Freunde von mir und zwei Freundinnen von Anna sagten uns ihre Hilfe zu. Anna wirkte sehr glücklich. Sie erklärte, jede Nacht in der neuen Wohnung schlafen zu wollen. Ich liebte ihre spontane und begeisterungsfähige Art.

Ich freute mich sehr auf unsere gemeinsame Wohnung. Am liebsten wäre ich sofort eingezogen. Ich bat Kevin darum, das Bett, das wir in einem Möbelhaus gesehen hatten, zu holen und es direkt in die neue Wohnung zu bringen. Ohne Zögern rief er Rudi an und der kam mit seinem Kombi vorbei. Rudi war nett. Ich ging auch davon aus, dass er mich mochte. Wir holten das Bett. Die Jungs fuhren dann in die neue Wohnung, um es aufzubauen. Währenddessen blieb ich allein bei Kevin und kochte Nudeln mit Meeresfrüchten.

Fortwährend tauchten Bilder in meinem Kopf auf. Hatte Kevin eine andere gehabt, als wir zerstritten gewesen waren? Ich schaute im Bad nach verdächtigen Spuren, durchsuchte seine Schubladen, fand aber nichts. In seinen Laptop konnte ich mich nicht einloggen, da ich sein Passwort nicht kannte. Warum hatte er seinen Laptop heruntergefahren? Warum war er überhaupt passwortgeschützt? Vertraute er mir nicht? Versteckte er etwas vor mir? Was versteckte er vor mir? Ich würde irgendwann einmal sein Passwort erfahren und einen Blick in den Laptop wagen. Mein Ex hatte ständig nach anderen Frauen im Internet gesucht. War Kevin auch so? Was hatte er die ganze Woche in meiner Abwesenheit getan? Hatte er doch eine andere? Warum sah ich keine Spuren von ihr? Zweifel nagten an mir. Es beruhigte mich sehr, dass wir demnächst zusammenziehen würden. Ich wollte so bald wie irgend möglich mit ihm zusammenleben. Außerdem wollte ich aus meiner Wohnung ausziehen. Ich nahm mir vor, ihm vorzuschlagen, dass wir die neue Wohnung schon zum Ersten beziehen sollten. Ich würde Marianne und Sabine fragen, ob sie mir beim Umzug helfen. Der Gedanke an die gemeinsame Wohnung und den Umzug beruhigte mich und stimmte mich wieder glücklich.

Schließlich kamen Kevin und Rudi wieder und wir aßen. Als Rudi weg war, nahmen wir Sekt und Kerzen und begaben uns in die neue Wohnung, um das Bett einzuweihen. Die erste Nacht in der neuen Wohnung war wunderschön. Kevins Haut, das neue Bett, der Geruch der neuen Matratze, im stillen Flackern des Kerzenscheins. Ich liebte die neue Wohnung, ich liebte das Bett und ich liebte auch ihn. Hier war es, mein neues Zuhause. Ein richtiges Zuhause, ein echtes Zuhause, jetzt und für immer.

Die Zweifel und das Misstrauen, welche Anna beim Kochen in Kevins Wohnung umtreiben, sind reine Projektion. Sie ist fremdgegangen. Aber sie hat Angst, er könnte fremdgegangen sein.
Ihre Freude auf die neue Wohnung ist genährt von der Hoffnung, hiermit eine Lösung für die eigenen Ängste und Probleme zu bekommen. Diese Lösung ist zum Greifen nah. Alle möglicherweise missliebigen Seiten von der Wohnung und Kevin treten hinter dieser Hoffnung zurück, sie existieren nicht mehr in Annas Wahrnehmung. Sie idealisiert die Wohnung und Kevin aus den gleichen Gründen. Sie selbst glaubt in diesem Moment allerdings, es liege daran, dass die Wohnung und Kevin perfekt seien.

Kevin ist dermaßen von Anna verblendet, dass er nur die strahlende, positive Anna sieht und ihre Erscheinung „haut" ihn immer wieder „um". Er freut sich auf ein gemeinsames Leben mit ihr und glaubt immer noch fest daran, die richtige Frau gefunden zu haben. Anna spiegelt ihm das Bild, welches er von ihr haben möchte, immer wieder vor, und „drückt" damit die „Knöpfe".

Die ersten vier Wochen in der neuen Wohnung waren abwechslungsreich. So viel Neues! Wir lachten viel und genossen die Zeit. Es war aber auch sehr anstrengend. Wir mussten die Wohnung in einen bewohnbaren Zustand versetzen, renovieren, die Wände streichen und die Wohnung einrichten. Ich konnte keinen Urlaub nehmen. Abends war ich teilweise so müde, dass ich einschlief, bevor ich Anna gute Nacht gesagt hatte. Anna war ganz in ihrem Element und brachte sich in allen Einrichtungsfragen voll ein. Ich bewunderte ihre Kreativität und ihren Elan. Meine Mutter rief ständig an und verlangte danach, Anna endlich kennenzulernen. Sie war immer noch der Meinung, dass wir übereilt zusammengezogen wären. Ich hatte wenige Reserven für derartige Diskussionen. Auch Anna war voll beansprucht von der Renovierung und Einrichtung der Wohnung und schien keinen Drang danach zu verspüren, meine Mutter zu besuchen, solange die Wohnung nicht fertig war. So entschied ich mit Anna, dass wir meine Mutter erst dann besuchen würden, wenn die Wohnung komplett eingerichtet war. Ich genoss es, Anna dabei zuzusehen, mit welcher Begeisterung sie sich um die Wohnung kümmerte. Als ich eines Tages von der Arbeit kam, fand ich sie mit einem kleinen Kater vor. Sie hatte uns diesen als Mitbewohner mitgebracht. Ihre Augen hingen an dem niedlichen Tier, ihre ganze Aufmerksamkeit und Liebe schien dem kleinen flauschigen Geschöpf zu gehören. Ich liebte sie für diese Liebe und es freute mich, sie so glücklich zu sehen. Anna arbeitete zurzeit nur halbtags und verbrachte im Übrigen viel Zeit mit der Einrichtung. Wir planten eine kleine Einweihungsparty, zu der wir enge Freunde einladen wollten. Anna war beschäftigt mit der Planung und den Einkäufen. Ich war dankbar, dass sie mir so viel abnahm, da ich ja den ganzen Tag über arbeiten musste.

Die Wohnung war wunderschön. Es machte mir so viel Freude, sie einzurichten. Ich strich mit der Hilfe von Marianne das Bad und das Schlafzimmer, rückte Möbel und dekorierte. Kevin kam oft sehr müde von der Arbeit, da er Überstunden machen musste. Er hatte seit dem Einzug nicht viel getan, aber das war nicht schlimm. Beseelt richtete ich die Wohnung nach meinen Vorstellungen ein. Die alten Möbel von Kevin brachte ich in den Keller, weil sie mir nicht gefielen. Eines Tages erzählte mir Sabine, dass ihre Nachbarn kleine Kätzchen abzugeben hätten. Da ich immer schon eine Katze haben wollte, holte ich mir dort einen kleinen Kater. So niedlich, so liebenswert! Ich liebte den Kater. Wir hatten vor, eine kleine Party zur Einweihung der Wohnung zu veranstalten. Kevin wollte ein paar Freunde einladen, sodass ich diese kennenlernen konnte. Ich kaufte ein. Marianne half mir bei den Vorbereitungen.

Es klingelte. Die Ersten, die vor der Tür standen, waren Rudi und Sabine. Immer mehr Freunde von Kevin kamen, unter anderem eine mir fremde Frau, die mir auf Anhieb höchst unsympathisch war. Angeblich war sie eine alte Freundin von Rudi und Kevin. Ich beobachtete, wie sie sich unterhielten und kam zu der sicheren Überzeugung, dass sie Interesse an Kevin hatte. Ich merkte, wie sie sich gegenseitig ansahen, und konnte auch ihre tolle Figur nicht verleugnen. Ich hasste sie. Weil ich mich nicht entspannen konnte, trank ich ein Gläschen Wein, und dann wurde aus dem einen Gläschen eine Flasche. Marianne versuchte, mich abzulenken. Aber warum sollte ich mich ablenken lassen? Nur allzu deutlich sah ich, dass zwischen den beiden etwas lief. Kevin beachtete mich gar nicht, er hatte nur Augen für diese blöde Kuh. So fing ich an, mit Rudi zu reden. Als ich merkte, dass es Kevin egal war, dass ich so lange mit seinem besten Freund redete, fing ich an mit Rudi zu flirten. Ich zeigte Rudi unter neckischen Bemerkungen die Zimmer, die ich gestrichen hatte und hoffte, dass Kevin hinterher käme und eifersüchtig werden würde. Als ich merkte, dass Kevin nicht reagierte, wollte ich weg. Ich war ziemlich betrunken. Ich redete auf Marianne ein, ich wollte einfach nur weg. Marianne zeigte sich zögerlich. Ich sah, wie Sabine sich entspannt mit Freunden von Kevin unterhielt und freudig lachte. Ihr war ich also auch egal. Kevin war in das Gespräch mit dieser Frau vertieft. Da reichte es mir, ich hatte genug. Marianne lief mir hinterher, als ich die Wohnung fast fluchtartig verließ. Sollte sich Kevin doch Gedanken machen! Arschloch! Ich hasste ihn, ich hasste diese Frau und diese blöde Party.

Anna ist eifersüchtig, ihre Verlustängste quälen sie. Sie ist neidisch: Kevin soll sie beachten, nicht die vermeintliche Konkurrentin. Das Gefühl, nicht beachtet zu werden, ist unerträglich für sie.
Die Selbstverständlichkeit, dass sich ihr Freund mit einer alten Freundin gut unterhält, wird in ihren Augen zur Liebesszene, zum

Verrat. Sie versucht, die Eifersucht von sich auf ihn zu projizieren, indem sie mit seinem besten Freund flirtet. Als dies misslingt, ist die Welt „schwarz", und zwar komplett. Nichts Positives ist übrig. Anna wertet ab, Hass und Ablehnung regieren sie.

Kevin kann nicht wissen, was in Anna vorgeht, da sie es auch nicht artikulieren kann. Er unterhält sich ganz normal mit seinen Freunden, unter anderem mit Sylvia. Er ahnt nicht, was diese, eigentlich ganz normale Situation, in Anna ausgelöst hat. Er freut sich sogar, dass seine Freunde Anna kennenlernen können.

Ich hatte ein paar Freunde eingeladen, von denen ich mir wünschte, dass sie endlich einmal Anna kennenlernten. Die Einweihungsparty war ein idealer Anlass, um sie zusammenzubringen und einander vorzustellen. Unter anderem war Sylvia da, eine meiner besten und ältesten Freundinnen überhaupt. Ich kannte sie seit der Schulzeit. Wir hatten uns seit mindestens einem halben Jahr nicht gesehen, wenngleich wir doch den Kontakt via Telefon und E-Mail gepflegt hatten. Sie war vor etwa einem Jahr zu ihrem Mann in den Nachbarort gezogen. Und seitdem hatte sich der Kontakt sehr reduziert. Ich freute mich sehr, dass sie es geschafft hatte, zu uns zu kommen. Wir waren insgesamt etwa 14 Leute. Anna hatte ihre zwei besten Freundinnen eingeladen. Es herrschte eine wunderbar entspannte Stimmung. Die Gäste unterhielten sich gut. Ich verbrachte die meiste Zeit mit Sylvia, während Anna sich mit den anderen Gästen beschäftigte. Es freute mich, dass sie sich mit meinem besten Freund Rudi so gut verstand. Gegen 23 Uhr nahm ich im Augenwinkel wahr, dass sie ein wenig unruhig wurde. Sie verließ die Wohnung zusammen mit Marianne. In der Annahme, dass die beiden viel getrunken hatten und frische Luft schnappen wollten, wendete ich mich wieder den Gästen auf der Party zu. Es war ein gelungener Abend. Gegen ein Uhr morgens gingen viele der Gäste. Aber ich

fing an stutzig zu werden. Wo war Anna? Ich fragte einige der Gäste, aber keiner wusste, wo sie steckte. Als ich mein Handy anschaltete, blinkte der Posteingang. Ich hatte eine SMS von Anna erhalten. Als ich ihre Worte las, erstarrte ich. „Ich hasse dich. Fick die Schlampe, mit der du dich so gut unterhalten hast! Ich will nichts mehr von dir wissen!“ Wie betäubt stand ich da. Meine Finger wählten Annas Nummer, aber ihr Handy war aus. Nicht erreichbar. Ich rief Rudi an, denn er war der Letzte, mit dem sie sich unterhalten hatte. Rudi äußerte, sie sei ein wenig angetrunken gewesen, habe ihm die Wohnung gezeigt, und sie hätten sich über die kleinen Belanglosigkeiten des Alltags unterhalten. Er habe gemerkt, dass ihr Blick die ganze Zeit in meine Richtung geirrt sei. Sie habe ihm dann erzählt, dass sie früher sehr eifersüchtig gewesen sei, weil ihr damaliger Freund ständig vor ihren Augen mit anderen Frauen geflirtet und sie mehrmals betrogen habe.
Nach dem Telefonat tat ich kein Auge zu. Immer und immer wieder versuchte ich, sie zu erreichen. Vielleicht hatte ich wirklich zu viel mit Sylvia geredet, jedenfalls schien es sie verletzt zu haben. Das hatte ich wirklich nicht gewollt. Ich war ein Idiot. Ich wusste, dass ihr Ex sie betrogen hatte, und hätte mehr Rücksicht auf sie nehmen sollen.
Auch am folgenden Tag hörte ich nichts von Anna. Die Nummer von Marianne hatte ich nicht, und ich hätte auch nicht gewusst, wie ich Anna hätte suchen sollen. Die Adresse von Marianne hatte ich auch nicht. Ich schickte Anna eine SMS, in der ich sie um Verzeihung bat und ihr erklärte, dass Sylvia und ich seit langen Jahren befreundet waren. Dass Sylvia verheiratet war und dass ich nichts, aber auch gar nichts von Sylvia wollte. Ich schrieb Anna, dass ich sie über alles liebte, und bat sie, doch bitte nach Hause zu kommen.

Gott sei Dank hatte ich Marianne. Sie bot mir Zuflucht für ein paar Tage. Die Ereignisse der Einweihungsparty hatten eine vernichtende Wirkung auf mich gehabt. Als ich diese Kuh mit ihren femininen Rundungen, ihrer schlanken und anmutigen Gestalt und langen blonden

Haaren sah, wusste ich, dass Kevin etwas mit ihr hatte. Sie wirkten unendlich vertraut. Diese Nähe und Innigkeit blieb in meinem Kopf als Bild hängen. Es wäre naiv gewesen, etwas anderes zu glauben. Die schöne, blonde Schlampe war unabhängig und verdiente viel Geld, was sich in ihrer Kleidung widerspiegelte. Ich hasste sie. Wie konnte ich nur so blauäugig sein und denken, dass Kevin nur mich liebte. Ich war nichts. Ich hatte Schulden, einen anspruchslosen Halbtagsjob und war unförmig, hässlich und dick. Keine Konkurrenz. Keine Frau, die ihm ausreichen würde. Am liebsten würde ich diese armselige Existenz beenden. Ich hasste meinen Körper, der gezeichnet war von Narben. Diese Narben, die meine Wertlosigkeit aufdringlich in die Welt schrien, wenn ich sie nicht versteckte (was mir in der Regel aber gut gelang). Meinen Job hätte jeder Halbaffe mit Rock ausfüllen können. Meine Kollegen waren nervig und ebenso wertlos wie ich auch. Kevin brauchte mich nicht, dessen war ich mir nun absolut sicher. Er hatte alles – er sah fantastisch aus, machte Karriere, fuhr ein tolles Auto und hatte so viele Freunde. Ich hatte gerade zwei – Marianne und Sabine. So offen hatte ich ihm das nie gesagt, denn wer will eine Freundin, die weitgehend ohne Freunde durch das Leben geht? Sozial nicht richtig integriert? Was wollte er von mir? Ich wollte sterben. In dieser Ausgangsposition des künftigen Verlierers hatte das Leben keinen Sinn für mich. Am Montag bewegte ich meinen Hausarzt dazu, mich für die Woche krankzuschreiben. Ich wollte nur schlafen, niemanden sehen. Wollte, dass die Welt aufhörte, in Formen dicker Regentropfen meine geschundene Seele zu quälen. Ich wollte die Augen zumachen. Marianne hatte Verständnis, sie behandelte mich, als ob ich schwer krank sei, kochte mir Tee und ließ mich in Ruhe, wenn ich erschöpft war von ihrer Gesellschaft. Am Mittwoch schaltete ich mein Handy wieder an. Die SMS von Kevin zog mich noch mehr runter. Ich konnte nicht mehr aufhören zu heulen. Die ganze Zeit war dieses Bild in meinem Kopf, von ihm und dieser Frau. Wie ein Mahnmal. Immer wieder drang die Frage ins Dunkel meiner gepeinigten Gedanken, wie oft sie wohl miteinander telefonierten, sich sahen, was sie miteinander hatten. Ich konnte die Gedanken nicht abschalten, sie quälten mich bis in die Momente der Erschöpfung, in denen mir die Augen zufielen. Für wie blöd hielt Kevin mich? Seine SMS schien mir eine billige Ausrede zu sein, ein armseliger Versuch, eine saubere Erklärung für das Unfassbare seines Betrugs zu finden. Er hatte auch nur vier Mal versucht, mich anzurufen. Wenn ihm wirklich etwas an mir gelegen hätte, hätte er mich auch bei Marianne finden können. Ich war davon überzeugt, dass er sicher nichts mehr von mir wollte. Allenfalls höflich sein, den Schein wahren, nicht den „Schwarzen Peter" haben wollte. Ich hasste ihn. Überhaupt war er, wie alle Männer, ein Stück Scheiße. Für wen hatte ich die Wohnung eingerichtet? Jetzt konnte er ja die Schlampe nach Hause bringen, in unser Zuhause, vielleicht sogar in unser Bett. Literweise tropften die Tränen aus mir. Ich hatte alles alleine gemacht und noch nicht einmal ein Dankeschön dafür erhalten. Ich musste jetzt handeln, meine Sachen und den Kater holen. Wo sollte ich denn nur hin? Ich würde etwas finden. Das wichtigste war jetzt erst einmal, von Kevin weg zu kommen, in ein von diesem Arschloch komplett unabhängiges Leben zurückzufinden. Marianne hatte mir angeboten, so lange zu bleiben, wie ich wollte. Sie glaubte aber nicht, dass Kevin etwas mit der Schlampe hatte, und versuchte dahin gehend auf mich einzuwirken, dass ich zu ihm zurückgehen solle. Ich denke, sie kannte die Situation einfach nicht. Sie hatte nicht die Blicke gesehen, die sich die beiden zugeworfen hatten, nicht die widerwärtige Vertrautheit gespürt, mit welcher sie miteinander umgegangen waren. Ich wünschte, sie wäre tot, er wäre tot, ich wünschte, der Schmerz hörte auf, egal um welchen Preis. Wahrscheinlich freute er sich noch, dass er mich mit so wenig Aufwand los war.

Die Eifersucht bleibt, hinzu kommt die Selbstabwertung. Hierbei projiziert Anna ihre Abwertungsstrategie, zur Abwehr von Schmerz,

in die anderen hinein, die sie ihrer Ansicht nach als wertlos wahrnehmen müssen.
Um die vermeintliche Abwertung durch die anderen und durch sich selbst erträglich zu machen, wertet Anna Kevin und die fremde Frau ab. Die Abwertung wird drastischer und geht bis zum Wunsch, Kevin möge tot sein – ein Absprechen des Rechts auf Leben. Das ist ultimativ. Hierbei geht es jedoch nicht darum, dass sie Kevin vernichten will. Es geht nur und ausschließlich darum, dass dieser sie direkt und unmittelbar in der Existenz treffende Schmerz aufhören muss.
Der Wunsch, der andere möge tot sein, ist eine absolut kindliche Fantasie. Es geht nur um das Abstellen der Quelle von Schmerz, verbunden mit der Qual des Bewusstseins, dass es nicht so einfach ist, wie einen Lichtschalter zu bedienen.

Kevin war erst einmal froh, dass er Anna seinen Freunden vorstellen konnte. Er hat sich gefreut und sich ganz normal mit einer guten, alten Freundin unterhalten. Er ahnt nicht, dass Anna es anders sieht, denn für ihn ist es völlig normal und selbstverständlich, sich mit Freunden zu unterhalten. Er ahnt immer noch nichts, als Anna die Party verlässt. Als er dann ihre SMS liest, fällt er aus allen Wolken. Schock. Er sucht wieder die Fehler bei sich und fühlt sich schuldig. Er ist wieder einmal in einen bodenlosen Zustand katapultiert worden. Schmerz, Verzweiflung und Selbstvorwürfe melden sich zurück.

Ganze sechs Tage hatte ich inzwischen nichts von Anna gehört. Für mich waren diese sechs Tage die reine Hölle. Konzentration war mir selbst bei der Arbeit ein Fremdwort, meine Kollegen warfen mir Blicke zu, sagten aber nichts. Was hatte ich ihr wieder angetan? Ich wäre so gern zu Marianne gefahren, um sie zu suchen, aber selbst wenn ich Mariannes Adresse gehabt hätte: Ich wusste ja, wie Anna damals reagiert hatte, als ich vor ihrer Türe stand. Auf keinen Fall wollte ich, dass

sie noch einmal auf den Gedanken käme, ich wollte sie kontrollieren. Diese Lektion hatte ich gelernt. Ich wartete auf Schritte, ein Türenschlagen, auf Anna. Nachts sackte ich für wenige Stunden weg, fand mich in verworrenen Träumen wieder. Tags versuchte ich zu essen, bekam aber nichts hinunter. Ich fühlte mich kraftlos, erschöpft. Ich hätte es besser wissen sollen. Einmal nachdenken hätte gereicht, denn ich wusste doch, wie empfindlich Anna war. Immer wieder sagte ich mir, dass sie doch wissen musste, dass ich sie über alles liebte und nie verletzen wollte, doch ein Teil von mir glaubte das nicht. Ich hoffte, ich konnte ihr das noch einmal sagen und irgendwann auch beweisen. Ein Leben ohne Anna konnte ich mir nicht mehr vorstellen. Ständig schweifte mein Blick hin zum Display meines Handys. Am Samstagmittag kam endlich eine SMS von Anna. „Hallo. Ich komme heute, meine Sachen und die Katze holen.“ Das haute mich um.
Fassungslos saß ich auf der Couch, starrte mit leerem Blick auf den Fernseher und wartete, in der Hoffnung auf ein klärendes Gespräch.

Am Samstag schickte ich Kevin eine SMS, in welcher ich ankündigte, dass ich meine Sachen holen wollte. Ich war mir sicher, dass er sich freute, mich los zu sein. Weder meldete er sich, noch hatte er in den letzten Tagen versucht, mich zu finden. Arschloch. Vor meinen Augen sah ich schon die Szene: Ich fuhr hin, holte meinen Kram, und es war Schluss. Er würde fortan glücklich und zufrieden seine Tussi vögeln. Oh Gott, tat diese Vorstellung weh. Ich hatte gedacht, wir wären glücklich miteinander. Ich hatte gehofft, mit ihm endlich mal ein Leben aufbauen zu können, aber anscheinend sind alle Männer gleich. Ich hatte ein seltsames Gefühl, als ich losfuhr. Meine Hände waren fast ruhig, aber ich zitterte inwendig, ein innerliches Beben. Ich wollte es nur noch schnell hinter mich bringen und wenn möglich Kevin nicht mehr sehen. Er hatte mich so verletzt und betrogen. Ich hasste ihn und hatte gleichzeitig Angst, ihn zu sehen. Als ich vor der Wohnungstür stand, wurde mir klar, dass ich, als ich von der Party geflüchtet war, keinen Schlüs-

sel mitgenommen hatte. Ich klingelte und stand zitternd und elend, voll Hass und ganz klein vor seiner Wohnungstür. Sekunden, die sich wie Stunden anfühlten. Er öffnete die Tür. Mit dem letzten bisschen Souveränität brachte ich meine Stimme dazu, ein tonloses „Hallo" von sich zu geben und ging an ihm vorbei in die Wohnung. Mechanisch begann ich, meine Sachen einzusammeln. Er folgte mir, bat um ein Gespräch, wollte reden. Er war so nah, und ich so voller Ekel, mein Kopf so voll von Bildern: er und die Tussi, nackt, in unserem Bett, in meinem Kopf, so widerwärtig. Ich stieß ihn weg, zischte, er solle mich nicht anfassen, sonst würde ich schreien. Er packte mich am Arm, worauf ich ihn mit aller Kraft wegstieß, sodass er zu Boden fiel. Meine Beine sackten unter mir weg, etwas in mir krümmte sich, krümmte mich in die Ecke, mit den Armen vor der Brust, die Augen weit aufgerissen, der Schmerz so tief, und ich hörte ein heiseres Krächzen, das wohl von mir kam. Ich wiegte mich vor und zurück, mit weit offenen Augen. Er streckte die Hand aus. Ich fing an zu heulen und rutschte bis an die Wand zurück, die Angst war übermächtig, er würde mich nicht mehr lieben, der Hass unendlich, weil er mich betrogen hatte. Ich sehnte mich nach seiner Umarmung, seinem Trost, der Geborgenheit, die ich in seinen Armen gefunden hatte, alles Momentaufnahmen schillernder Emotionen, zu viel auf einmal. Ich konnte es nicht ertragen. Ich konnte ihn noch nicht einmal ansehen. Die Situation überforderte mich.

Er kniete vor mir, wollte mich ansprechen aber ich drehte den Kopf zur Seite und hielt die Hände vor mein Gesicht. Er nahm mich in die Arme und küsste mich auf die Wange, hielt mich fest, sehr fest. Etwas wurde weich in mir, ich war ihm total ausgeliefert. Ich wollte in seinen Armen sterben, wollte, dass er den Schmerz von mir nimmt, ihn heilt, ich wusste nicht wie. Also schwieg ich, und er schwieg auch, und so wiegte er mich in den Armen, ich weiß nicht, wie viele Stunden. Dann kamen die Gedanken an diese Frau wieder und ich fragte „Liebst du sie?" Er verneinte das und sagte „Ich liebe nur dich. Ich will ohne dich nicht leben. Warum verstehst du das nicht? Bitte komm nach Hause, bitte bleib bei mir, jetzt, morgen, solange du möchtest." Ich war hin und her gerissen. Auf der einen Seite wollte ich nie mehr weg von ihm, auf der anderen Seite traute ich den Worten nicht. Ich wusste nicht, ob er das jetzt so sagte, weil er es so meinte, oder ob es ihm aus anderen Gründen sinnvoll erschien.

Er ist ihr zu nahe gekommen. Je näher er ihr kommt, desto größer werden die Phasen der Distanz. Und je größer diese werden, desto tiefer werden die Wunden und desto näher rücken die beiden zusammen, wenn sie wieder zueinanderfinden.
Sie ist zerrissen. Angst vor dem Verlassenwerden, kindliche Sehnsüchte, Wut und Hass über den vermeintlichen Betrug wechseln sich in so schneller Reihenfolge ab, dass es für Anna nur noch als einheitliches Gefühl der Zerrissenheit spürbar ist. Es ist unmöglich, das in aller Kürze zu kommunizieren. Das, was Anna in ihrem Ausgeliefertsein spürt, ist die Abwesenheit der Schutzmechanismen, ein Rückfall in kindliche Schemata. Der Trost, den sie durch das Festhalten gewinnt, ist so groß wie der Schmerz, den sie davor gespürt hat. Unmöglich, dieses Pflaster nicht zuerst festzuhalten, unmöglich, den Trost zu zerreden durch Ansprechen von Themen. Die einzige Kommunikation, die stattfindet, ist der als Frage verkleidete naive Wunsch, dass Kevin sie lieben möge, ein Synonym für: Alles ist gut. Vertrauen existiert nicht. Denn Primärbezugspersonen von Anna haben dieses Vertrauen so enttäuscht, dass in ihr fest verankert ist, dass Vertrauen eine zu bestrafende Dummheit ist und dass es in einer Beziehung nicht ohne weiteres zu reaktivieren ist. Schließlich kennen sich Anna und Kevin kaum.
Kevin verliert die Konzentration auf der Arbeit, kann kaum schlafen, und die Gedanken kreisen nur um Anna. Er gibt sich die Schuld und weiß nicht was er tun soll, denn jeder Schritt in ihre Richtung könnte

falsch sein. Kevin ist unsicher und erschöpft. Er ist angespannt und wartet nur noch drauf, dass Anna sich meldet. Alles hängt davon ab, ob und wann sie sich meldet. In diesem Moment hängt sein ganzes Leben davon ab.

Nervös und angespannt wartete ich auf Anna. Es klingelte. Als ich die Tür öffnete, sah ich sie da stehen. Sie wirkte kalt und fremd. Ihre Mimik ließ nicht erkennen, dass sie mich wieder erkannte. Sie blickte mich an wie einen Fremden. Ihr Blick war eiskalt und leer zugleich. Kein liebevolles Funkeln, keine Intensität des Augenausdrucks, wie ich ihn kannte. Das machte mir Angst. Als sei ich nicht da, marschierte sie dann an mir vorbei und fing an, zielsicher ihre Sachen einzusammeln. Es war für mich eine entsetzliche Szene, meine Liebste war dabei auszuziehen, irgendwie hatte es auch einen surrealen Touch. Ich wollte mit ihr reden, den Kontakt herstellen, sie in meine Arme nehmen, sie küssen. Als ich ins Zimmer kam, während sie gerade den Kleiderschrank ausräumte, sagte ich ihr, dass ich gerne reden würde. Sie drehte sich um und ein vernichtender, hasserfüllter Blick traf mich, und sie schrie, wie eine Furie: „Lass mich in Ruhe, du mieses Arschloch. Fick deine blöde, blonde Schlampe. Hast dich den ganzen Abend nur um sie gekümmert. Jetzt bist du ja wieder frei und kannst machen, was du willst. Ich gehe. Mit dir möchte ich nichts mehr zu tun haben. Ich hasse dich, du Dreckskerl. Belügen und betrügen kannst du jemand anderen. Mich nicht! Du bist genauso wie mein Ex, genauso, wie alle anderen Männer!“ Die ganze Nachbarschaft hatte vermutlich soeben das zweifelhafte Vergnügen, der akustischen Darbietung in voller Bandbreite zu lauschen. Als ich sie an den Schultern anfassen wollte, einfach nur Kontakt herstellen wollte, um sie zu beruhigen, stieß sie mich so heftig von sich, dass ich das Gleichgewicht verlor und zu Boden fiel. Sie fing an, hysterisch zu schreien, was schnell in ein markerschütterndes Heulen überging. Sie hockte in einer Ecke wie ein kleines Mädchen und weinte immerzu. Ihre Hände verdeckten die Augen. Als ich mich näherte, zuckte sie zusammen. Irgendwie muss ich es dann geschafft haben, sie so weit zu beruhigen, dass ich sie in den Arm nehmen durfte. Sie kam mir vor, wie ein unbeholfenes, verletztes Kind, das sich in großer Not befindet und nach Hilfe schreit. Ich trug sie zum Bett, wo wir stundenlang nebeneinanderlagen, ohne zu reden. Sie fragte mich nur ganz leise, ob ich diese Frau lieben würde. Da das überhaupt nicht der Fall war, versicherte ich ihr, dass ich nur sie lieben würde und ohne sie nicht mehr leben wollen würde. Ich bat sie, nach Hause zu kommen und bei mir zu bleiben. Katerchen und ich hatten sie vermisst. Sie sagte nichts und schlief irgendwann ein. Ich betrachtete ihr schlafendes Gesicht. So schön und unschuldig, wie von einem Engel. Ich wollte diese Frau nicht verlieren und würde ihr beweisen, dass ich sie über alles liebte.

Kevin hatte mir seine Liebe zum Ausdruck gebracht, woraufhin ich mich beruhigt hatte. Jede Faser meines Seins spürte seine Nähe, beseelt lag ich neben ihm und schlief irgendwann ein. Ich war froh, dass er da war, dass ich bei ihm und mit ihm sein konnte. Er hatte mich überzeugt, dort zu bleiben. Hier war mein Zuhause, ich liebte Kevin sehr, und auch das Katerchen hatte ich in mein Herz geschlossen. Wenn ich die Dinge nüchtern betrachtete, hatte ich außer den beiden niemanden.

Marianne hatte mit ihrer Behauptung Recht gehabt, die fremde Frau und Kevin seien nur Freunde. Kevin hatte mir das ausführlich erklärt. Sylvia war nur eine Schulfreundin, und verheiratet war sie auch. Ich wäre auch gerne verheiratet, mit Kevin. Ich hätte ihn gerne allein für mich, für immer. Ich fühlte mich wohl in unserer Wohnung, alles war so schön und harmonisch. Als ich Kevin gegenüber äußerte, dass ich ihn auch über alles liebte und mit ihm mein Leben verbringen wollte, beschlossen wir, uns zu verloben. Kevin kaufte mir einen wunderschö-

nen Verlobungsring. Ich war so glücklich wie nie zuvor. Vielleicht liebte er mich ja wirklich so sehr, wie er immer sagte.

Beruflich lief es allerdings nur mäßig gut. Meine Arbeit hatte gänzlich aufgehört, mir Freude zu bereiten. Alle in der Firma nervten mich. Ich wollte weg. Neuer Job, Kevin, neue Wohnung – es war Zeit für eine Umstrukturierung meines Lebens. Alles neu! So fing ich an, nach einer neuen Stelle Ausschau zu halten. Da ich bereits mittags zu Hause war, kochte ich für Kevin. Es gab mir ein warmes, inniges Gefühl, auch Kevin ein Zuhause bereiten zu können. Kevin brachte oft Blumen oder kleine Geschenke mit, war Aufmerksamkeit pur. Wir waren wieder verliebt wie am ersten Tag. Es war perfekt. Er versprach mir, bei der Stellensuche unterstützend beizustehen, mir unter die Arme zu greifen. Schließlich trafen wir die Entscheidung, seine Mutter nunmehr bald zu besuchen. Ich hatte ein wenig Angst davor. Wenn ich so darüber nachdachte, war meine größte Befürchtung dabei, dass sie mich nicht mögen könnte. Ich hoffte sehr, dass sie mich akzeptieren würde. Ein paar Mal hatte ich bereits mit ihr telefoniert und sie hatte dabei mehrfach geäußert, sich auf unseren Besuch zu freuen.

Das Motiv für die Heiratspläne liegt für Anna im Traum vom Zuhause. Sie möchte andere von dieser künftigen heilen Welt ausschließen, möchte Kevin nur für sich. Das ist besitzergreifend und einengend. Aber Kevin sieht das nicht, denn bisher ist sie nur weggerannt. Kevin kann die Dimension von Eifersucht und Misstrauen als Folge einer großen Angst nicht erkennen und gibt sogar ein Eheversprechen ab.

Parallel zum neuen Beziehungsleben, möchte sich Anna ein neues Leben aufbauen. Das neue Leben mit Kevin soll nicht kontaminiert werden von den „Gerüchen" des gestrigen Lebens. Anna würde alles aufgeben für den Traum eines Zuhauses.

Kevin hat in kürzester Zeit Annas verschiedenen Facetten erlebt: Die Entscheidung zu gehen, begleitet mit hasserfülltem Blick und Aggressionen, und im anderen Moment ein unbeholfenes, verletztes Kind. Er blendet schnell die negativen Aspekte aus, nachdem sie wieder in seinen Armen liegt. Er glaubt immer noch daran, dass, wenn er ihr seine Liebe beweist, sie ihm vertrauen wird und dass solche Situationen und Ausbrüche zu vermeiden sind.

Nachdem wir die Dinge geklärt hatten und ich insbesondere mein Verhältnis zu Sylvia gegenüber Anna klargestellt hatte, wurde alles wieder gut. Anna blieb. Mir war der Vorfall eine Lehre, ein Fingerzeig darauf, wie verletzbar sie war. Ich schwor mir, in Zukunft alles zu tun, um sie nicht noch mehr zu verletzen. Als sie mir sagte, dass sie glücklich war und mit mir ihr Leben verbringen wollte, kaufte ich uns Verlobungsringe und steckte ihr ihren, bei einem trauten Abendessen zu zweit, an den Finger. Sie war so glücklich. Ich sagte meiner Mutter Bescheid, worauf sie wieder anfing zu nörgeln. Ich musste ihr versprechen, sie bald zu besuchen, um ihr Anna vorzustellen. Anna kochte jeden Tag für mich und wir aßen gemeinsam. Sie hatte vor, sich einen neuen Job zu suchen, da sie sich in ihrer Firma nicht mehr wohlfühlte. Nach ihren Erzählungen waren ihre Kollegen merkwürdig und legten zum Teil ein seltsames Verhalten an den Tag. Ich würde sie auch in ihrer Stellensuche unterstützen. Für diese Frau würde ich alles tun!

Unabhängig davon fiel mir bei Anna auf, dass sie sehr schüchtern war. Sie schämte sich, vor mir nackt zu sein. Vor dem Hintergrund ihrer Erlebnisse als Kind und mit ihrem Ex-Freund war das nicht weiter verwunderlich. Ich ging aber davon aus, dass sie eines Tages merken würde, dass ich anders war und dass sie mir voll und ganz vertrauen konnte. Sicher brauchte sie Zeit, nach allem, was sie erlebt hatte. Aber jetzt hatte sie mich und ich war entschlossen, alles zu tun, dass sie sich bei mir sicher und geborgen fühlen konnte. Alles braucht seine Zeit.

Jetzt stand zunächst der Besuch bei meiner Mutter an. Ich war mir sicher, dass sie Anna mögen würde, so wie alle anderen am Ende auch. Anna war ein sehr liebenswerter Mensch. Und alle, die sie kennengelernt hatten, mochten sie ja auch.

Wir fuhren zu Kevins Mutter. Ich hatte ein ganz komisches Gefühl in der Magengrube. Kevin saß am Steuer, sah aus dem Fenster und war ungewohnt still. Manchmal hatte ich bereits zuvor den Eindruck gehabt, dass Kevin Angst vor seiner Mutter hatte, wenn ich mitbekam, wie er mit ihr kommunizierte. Dieser Eindruck beschlich mich auch jetzt. Er wirkte dann wie ein kleiner Junge, der sich ständig für irgendwas rechtfertigen musste. Ich war angespannt und konnte mich überhaupt nicht auf den Besuch freuen. Der lähmende Druck in der Magengrube wurde immer stärker.

Wir fuhren die Auffahrt zum Haus herauf. Kevin parkte direkt vor dem Haus. Das Grundstück war groß, das Haus strahlte den noblen Charme eines ehemaligen Herrenhauses aus. Dieser steingewordene Traum aus Macht und Geld verbesserte meinen Zustand nicht. Erinnerungen an meine Mutter drängten sich auf, und an unsere kleine Mietwohnung in der Stadt. Scham stieg in mir auf. Ich konnte unmöglich Kevin zu meiner Mutter bringen und ihn dort vorstellen, das würde ich vermeiden müssen. Ich fühlte mich so klein und nichtig, als ich vor dem Gemäuer des Hauses stand, in dem er aufgewachsen war. Dagegen war mein Zuhause kein Vergleich.
Seine Mutter öffnete die Haustür und umarmte ihn. Mir gab sie die Hand, sehr freundlich, sehr vornehm.
Sie sah gepflegt und konservativ aus, so wie auch die ganze Einrichtung des Hauses. Wir wurden aufgefordert, die Schuhe auszuziehen. Alles war sauber und ordentlich. Das bedrückende Gefühl in meiner Magengrube blieb und ich fühlte mich klein. Als wir dann am Tisch saßen, begann seine Mutter mich auszufragen – über meine Familie, meinen

Job, mein Leben. Ich fühlte mich gezwungen, mein Leben etwas aufzuhübschen, damit es nicht allzu deplatziert wirkte in diesem edlen Umfeld. Ich konnte nicht die ganze Wahrheit erzählen, meine durch Kleider und Aussehen geschaffene Fassade nicht ablegen durch hässliche, deplatzierte, enthüllende Worte. Mein Leben schmerzte, als mir hier das Musterleben vorgeführt wurde, die Erinnerungen schmeckten noch bitterer als sonst. Daran wollte ich die Mutter von Kevin nicht teilhaben lassen, es war zu privat. Außerdem kam mir auch Kevin anders vor, als er seiner Mutter über seine aktuellen Projekte auf der Arbeit berichtete.

Ich merkte auf, als seine Mutter auf einmal nach der blonden Sylvia fragte. Sie schwärmte von ihr, der Dame von Welt mit gutem Einkommen, hübschem Haus und auffallend schönem Äußeren. Ich schaute währenddessen kritisch zu Kevin hinüber. Der aber ließ sich nichts anmerken, er lächelte nur und sah aus, als ob er völlig im Bann seiner Mutter stand. Ich konnte nichts essen, innerlich hätte ich heulen können. Ich fühlte mich so unwohl, so ausgeschlossen. Ich war kein Bestandteil dieser innigen, trauten Verbindung. Der vertraute Schmerz der Einsamkeit hüllte mich ein. Ich wäre gerne sofort zurück nach Hause gefahren, was in dieser Situation aber natürlich nicht möglich war. Kevins Mutter wandte sich dann mir zu und unterzog mich einer Prozedur, die sich wie ein Verhör anfühlte. Sie wollte wissen, wie ich Kevin kennengelernt hatte. Sie fragte danach, wessen Idee es war, so schnell zusammenzuziehen. Die Art und Weise, wie sie die Frage stellte, machte deutlich, dass sie nichts davon hielt. Sie drang in mich, wie wir uns die Zukunft vorstellten würden, und ob und was wir planten. Ich gab ausweichende Antworten. Sie fragte dann, was ich studiert hätte, und als ich erklärte, dass ich nicht über einen akademischen Grad verfügen würde, fing sie an, von Kevin und seiner Studienzeit zu erzählen. Sie erwähnte einige seiner Kommilitonen mit Namen und teilte beiläufig mit, der eine habe seine Doktorarbeit gemacht, der andere

Medizin studiert, der Dritte einen Master erworben. Ich fühlte mich angegriffen, wurde das Gefühl nicht los, dass sie mich ablehnte, sogar gering schätzte, weil ich nicht studiert hatte. Ich mochte sie auch nicht. Die Frau war ein erbarmungsloses Monster. Ich verkniff mir jede weitere Antwort und lächelte höflich, aber angespannt. Spätabends begaben wir uns auf den Heimweg. Ich war sehr still, ein Gespräch kam nur schwer in Gang. Kevin fragte mich, was ich über seine Mutter denken würde. Ich erwiderte hierzu nur, ich könne nichts sagen, da ich sie noch nicht richtig kennen würde. Inständig hoffte ich, dieses Monster nie wieder zu sehen.

Anna deutet die Fragen der Mutter als Verhör. Innerlich wird sie mit ihrem eigenen Leben konfrontiert. Sie schämt sich für ihr Leben, für ihre Familienverhältnisse, und fühlt sich der Situation nicht gewachsen. Sie wertet sich selbst ab, anstatt zu sich zu stehen.

Sie fühlt sich abgelehnt. Ein großer Anteil davon ist Projektion. Sie unterstellt der Mutter von Kevin Ablehnung, weil sie sich selbst ablehnt.
Da sie dem Schmerz ausweichen möchte, wertet sie Kevin, dessen Mutter und die ganzen Umstände der Situation ab. So spaltet sie und muss den Schmerz nicht ertragen, der mit der vermuteten Ablehnung zusammenhängt. Ganz funktioniert es allerdings nicht, denn trotzdem bricht ihre Welt innerlich zusammen, aber fassen kann sie es nicht.

Kevin ist sicher, dass sich Anna bei ihm sicher und geborgen fühlen wird, wenn er Rücksicht auf sie nimmt. Er hat gemerkt, dass sie verwundbar ist, und wird alles tun, um Anna nicht zu verletzten. Er kann nicht erahnen, was Anna alles, als Verletzung wahrnimmt, weil sie es selbst nicht weiß und nicht artikulieren kann. Kevin ist sich sicher, dass er ihr mit Liebe zeigen kann, dass sie sich bei ihm sicher

fühlen kann. Ihre Schamgefühle schiebt er auf ihre schlimme Vergangenheit und hat Verständnis und Geduld.

Anna war sehr ruhig auf dem Weg zu meiner Mutter. Ich fand, das sei normal. Schließlich ist jeder etwas nervös, wenn man den Eltern des Partners vorgestellt wird. Als wir ankamen, öffnete meine Mutter die Tür. Sie hatte uns bereits erwartet. Alles war vorbereitet für unseren Besuch. Wie immer musste alles perfekt sein. So war meine Mutter eben. Anna wirkte zurückhaltend und in sich gekehrt. Während des Essens packte meine Mutter Erinnerungen und alte Geschichten aus. Als sie Sylvia erwähnte, spürte ich, dass Anna damit ein Problem hatte. Ich versuchte, vom Thema abzulenken und dem Gespräch einen anderen Fokus zu geben. Meine Mutter fragte Anna dann über ihr Leben aus. Mütter sind eben so, sie wollen alles wissen. Ich kenne die Situation von meinen Ex-Freundinnen sehr gut. Meine Mutter war bei den ersten Treffen immer ein bisschen steif und vor allem neugierig. Anna war ganz ruhig und unterhielt sich gut mit ihr. Ich hatte den Eindruck, dass sie gut mit der Situation umgehen konnte und dass auch meine Mutter warm mit ihr werden würde. Das würde schon werden, denn Anna musste man einfach gern haben. Auf dem Weg nach Hause waren wir beide ruhig, vermutlich waren wir einfach müde. Gespeist hatten wir auch gut und reichlich. Ich freute mich darauf, nach Hause zu kommen und zusammen mit Anna noch einen entspannten Abend zu verbringen. Anna aber erklärte, sie sei sehr müde und wolle sofort ins Bett. Ich kam mit ihr ins Bett, wollte sie noch umarmen, aber sie wendete sich ab und drehte sich auf die andere Seite. Das war verständlich, denn sie war wirklich übermüdet. Als ich morgens aufstand, um zur Arbeit zu fahren, war sie schon weg. Das war anders als sonst, da sie in der Regel erst eine Stunde nach mir aufstand. Auf dem Tisch fand ich einen Zettel mit den Worten „Musste früher weg. Kuss." Ich war verwundert, da sie mir am Abend zuvor nicht gesagt hatte, dass sie heute früher aufstehen musste. Nun, sie war müde und wird es schlicht vergessen haben. Ich schrieb ihr eine SMS: „Guten Morgen Schatz. Ich liebe dich. Kuss.“ Eine Antwort erhielt ich nicht.

Als wir zu Hause ankamen, hätte ich mich am liebsten in einem dunklen Loch verkrochen und geheult. Ich ließ mir nichts anmerken, denn ich hatte keine Lust auf Diskussionen. Ich hätte auch nicht sagen können, was es genau war, das mich so getroffen hatte. Als wir im Bett lagen, wollte Kevin mich umarmen. Das tat er sonst auch immer, aber da ging es nicht. Ich konnte es nicht ertragen. Ich drehte mich um, damit er die Träne nicht sah, die mir ungewollt die Wange herunterlief und tat so, als ob ich schlafen würde. Kopfkarussell. Der Besuch bei Kevins Mutter hatte mich runtergezogen. Gedanken an meine Mutter schossen mir durch den Kopf. Gedanken daran, wie sie schrie, mir Vorwürfe machte, wie sie mich schlug für Dinge, die ich getan oder auch nicht getan hatte. Die Schläge waren auch von Kevins Mutter gekommen, in Form von Worten, die sich wie Peitschenhiebe anfühlten. Ich verabscheute sie. Und Kevin würde mich gewiss verlassen, wenn er erkannte, wer ich wirklich war. Ich hatte doch nichts, ich war nichts, nichts von Bedeutung und niemand mit Geld. Diese Attribute schienen allerdings für Kevins Mutter sehr wichtig zu sein, wie konnte es da für Kevin anders sein? Was wollte er eigentlich ausgerechnet mit mir? Seine Mutter hatte vermutlich Recht. Ich war sicher nicht gut für ihn. Er müsste eigentlich diese Sylvia nehmen, sie war doch so toll, und seine Mutter so begeistert von ihr. Aber ohne Kevin wäre es besser, wenn auch ich nicht mehr da wäre, denn was sollte ich ohne Kevin machen? Es war aussichtslos.

Zorn stieg in mir auf. Ich hatte nicht studiert. Auf der anderen Seite, wen sollte das interessieren? War ein Studium so wichtig? Was wollte ich von einem Mann, dem ein Studium so wichtig war, dass er die Wahl seiner Frau davon abhängig machte? Liebte ich Kevin? Vielleicht liebte ich ihn gar nicht. Ich war mir auf einmal nicht mehr sicher, was ich für ihn empfand. Als er bei seiner Mutter saß, kam er mir sehr fremd vor. Wie aus einer anderen Welt, in die ich nicht gehörte, deren Bestandteil ich nicht war und nie würde sein können. Mamas Sohn, eine heile Welt fernab des täglichen Alltagselends. Vielleicht würde er eines Tages mit dieser Sylvia zusammenkommen, weil seine Mutter so uneingeschränkt von ihr überzeugt war und so positiv über sie redete, und ihre Wertvorstellungen ihn sicherlich geprägt hatten. Er hatte mir zwar versichert, dass er nie etwas mit ihr gehabt hätte und sie schon immer einfach nur gute Freunde waren, aber konnte man dem trauen? Männern konnte man ohnehin nicht trauen. Ich war mir sicher, dass er oft Kontakt mit dieser Sylvia hatte. Was sie wohl taten, wenn sie sich sahen? Er widerte mich an. Es war doch alles eine Lüge. Er sagte ständig, dass er mich liebte, aber ich konnte es nicht glauben. Wieso sagte er es so oft, wenn es wirklich so war? Musste er sich selbst überzeugen? Oder mich? Hatte er ein schlechtes Gewissen, weil er mich nicht liebte, und kompensierte es mit den ständigen Liebesbeteuerungen? Oder weil er mir fremdgegangen war? Da stimmte doch etwas nicht. Nur wenn man etwas verbrochen hatte, gab es doch Anlass, ganz lieb zu sein und zehn Mal am Tag „Ich liebe dich" zu sagen. Er war keinen Deut besser als die anderen Männer. Er konnte nicht die große Ausnahme sein. Die Annahme wäre mehr als naiv. Wenn ich das glauben würde, wäre meine Welt auf einer Lüge aufgebaut. Ich konnte seine Nähe nicht mehr ertragen, wer weiß, nach wessen Nähe er sich in diesem Augenblick sehnte. Als ich sicher war, dass er fest schlief, zog ich mich leise an und hinterließ einen Zettel auf dem Tisch. Ich musste weg, denn ich hatte das Gefühl, vor Ekel und Abscheu platzen zu müssen. Ich setzte mich ins Auto und fuhr in den Wald. Zwischendurch überkam mich das Bedürfnis, einfach gegen einen Baum zu fahren und den Zweifeln und dem Schmerz ein Ende zu setzen. Es war fünf Uhr morgens. Um neun Uhr musste ich in der Arbeit sein. So saß ich fast vier Stunden im Auto auf einem abgelegenen Wanderparkplatz und starrte vor mich hin.

Meine Hände waren wie Eisklötze, meine Füße fühlte ich gar nicht mehr. Das fahle Morgenlicht beleuchtete mich, zeigte mir aber keinen Weg auf. Ich fühlte nichts. Gar nichts. Ich wusste nicht, was ich tun sollte. Gegen acht Uhr kam eine SMS von Kevin, die ich ungelesen löschte. Ich war wie ferngesteuert. Ich funktionierte automatisch, die grundlegenden Funktionen waren offenbar vorhanden. Alles war egal. In dem Zustand konnte ich nicht zur Arbeit. Ich schrieb meinen Ex an und fragte, ob ich zu ihm kommen dürfe. Er lud mich ein. Ich fuhr zu ihm, legte mich in sein Bett und schlief ein. Gegen 14 Uhr wurde ich mit einem tauben Gefühl im ganzen Körper wach. Mein Ex setzte Kaffee auf, goss mir eine Tasse ein und fragte, was los sei. Ich konnte nicht reden. Ich wollte nicht gehen. Wohin auch.

Weil Anna nicht begreift, was los ist, folgt ein „Karussell" von Gedanken. Anna lehnt sich selbst ab, beschäftigt sich mit Gedanken an ihre – für sie – nichtige Existenz, und kann sich nicht vorstellen, dass Kevin sie wirklich so will, wie sie ist.

Erschwerend kommt hinzu, dass sie erhebliche Bestandteile ihres Lebens verschwiegen hat.
Allein der Umstand, dass sie nicht studiert hat, lässt sie sich schon enttarnt fühlen, als Kevins Mutter nach ihrem Werdegang fragt.

Anna versucht, einen Grund für ihr Unbehagen, ihr Gefühl von Wertlosigkeit und ihren Schmerz zu finden – sekundäre Rationalisierung. Sie sucht Kontrolle. Das „Kopfkarussell" dreht sich infolgedessen weiter und weiter. Es schwankt, von Selbstabwertung, Selbsthass und generellen Zweifeln, über Eifersucht, bis zum innerlichen Zusammenbruch mit Suizidgedanken.

Innere Leere breitet sich aus, um den Schmerz zu überdecken: eine Form von Dissoziation. Ein unbewusster Schutzmechanismus der Seele, um der als unerträglich empfundenen Realität auszuweichen. Zu ihrem Ex geht sie nur deshalb, weil ihr von ihm keine Gefahr drohen kann. Sie weiß nicht wohin mit ihrem sich leblos anfühlenden Körper.

Kevin kann nicht wahrnehmen, was in Anna vorgeht, denn sie kann es, wie immer, nicht artikulieren. In seiner Realität nimmt er das wahr, was er sieht und hört. Wenn sie sagt, sie ist müde, nimmt er es genauso wahr und ahnt nicht, was dahinter steckt. Bei dem Besuch hat er nichts gemerkt. In seiner Wahrnehmung ist der Besuch bei seiner Mutter gut gelaufen.

Als ich nach getaner Arbeit nach Hause kam, war Anna nicht da. Ich versuchte, sie zu erreichen, aber sie ging nicht ans Telefon. Ich fuhr bei Marianne vorbei, um zu schauen, ob Annas Auto dort stand. Das Auto war nicht da. Ich wollte nicht klingeln. Ich fuhr an dem Haus vorbei, in dem sich ihr Büro befand, da es ja möglich war, dass sie länger arbeiten musste. Aber auch dort konnte ich ihr Auto nicht sehen. Ich wusste nicht, wo ich noch suchen sollte und rief Marianne an. Sie wusste auch nicht, wo Anna war, versprach aber, sich zu melden, falls sie etwas hörte. Ich machte mir große Sorgen. Vielleicht war etwas passiert. Als ich abends noch einmal bei Marianne anrief, ging sie nicht ans Telefon. Spät abends kam dann eine SMS von Anna. Ich erstarrte, als ich den Inhalt las: „Ich weiß nicht mehr, was ich fühle.“ Das war wie ein Schlag ins Gesicht. In der Nacht wälzte ich mich von links nach rechts, fand keine Ruhe. Meine Welt war gerade dabei unterzugehen. Wir waren verlobt, aber Anna wusste nicht mehr, was sie für mich empfand. An Arbeiten war nicht zu denken. Ich meldete mich krank und bat Rudi darum, bei mir vorbeizukommen. Ich konnte nicht allein sein in dieser

Wohnung, die doch uns beiden gehörte. Was hieß da „Ich weiß nicht mehr, was ich fühle"? Was war da los? Es war doch alles in Ordnung? Vorgestern hatte sie doch noch gesagt, dass sie mich liebte. Völlig verstört rief ich noch einmal bei Marianne an und fragte, ob sie wisse, wo Anna war und was los war. Sie war zunächst sehr zurückhaltend, woraufhin ich nachbohrte. Als sie merkte, wie schlecht es mir ging, legte sie die Karten auf den Tisch und erklärte, Anna habe bei ihrem Ex übernachtet. Ich war wie gelähmt. Beim Ex, dem Typen, der sie belogen, betrogen und geschlagen hatte? Das ging nicht in meinen Kopf hinein. Ich war paralysiert und schwieg. Was machte sie mit ihm? Mir erzählte sie, sie habe keinen Kontakt mehr mit ihm, weil er sie so mies behandelt hatte, und dann das? Meine Welt brach zusammen. Was sollte ich nur tun? Es tat so weh.

Marianne rief mich an, ein paar Mal, aber ich wollte mit niemandem reden. Ich ignorierte das Telefon, schließlich war es auch gut möglich, dass es auf lautlos gestellt war. Schließlich ging ich doch ans Telefon. Sie teilte mir mit, Kevin mache sich Sorgen und suche nach mir. Ich antwortete, ich wolle nicht nach Hause. Ich brauchte meine Ruhe. Sie forderte mich auf, mich bei Kevin zu melden, weil er äußerst beunruhigt gewirkt habe. Also schrieb ich ihm eine SMS. Er sollte mich doch in Ruhe lassen. Ich wusste nicht mehr, was ich wollte und ob ich ihn liebte, ich fühlte nichts. Ich wollte ihn nicht sehen, ich wollte erst mit mir ins Reine kommen. Netterweise erlaubte mir mein Ex, ein wenig bei ihm zu bleiben. Alles war komisch. Zu Marianne wollte ich auch nicht, da ich ihr nicht traute. Sie hatte versucht, mich zu überreden, zu Kevin zu gehen, ohne zu wissen, was vorgefallen war. Ich wollte am liebsten sterben, mich all diesen Fragen entziehen. Als mein Ex irgendwann am Nachmittag zur Arbeit fuhr, setzte ich mich an seinen Laptop, um eine E-Mail an Kevin zu schreiben. Unzählige Male fing ich an und löschte das Geschriebene wieder. Was sollte ich ihm schreiben? Letztendlich entschied ich mich für die folgenden Zeilen: „Lieber Kevin. Ich weiß nicht mehr, was ich für dich empfinde. Mein Leben ist eine Katastrophe und ich glaube, ich bin nicht gut genug für dich. Ich muss mein Leben regeln. Ich muss einen neuen Job finden. Ich brauche Zeit für mich. Es ging alles viel zu schnell, und manchmal denke ich mir, dass es nicht richtig war, so schnell zusammenzuziehen. Du brauchst dir keine Sorgen zu machen. Ich vermisse dich. Anna." Für mich war das die maximale Ehrlichkeit. Wenn er mir jetzt kein klares Signal gab, dass er mich liebte, obwohl ich so wertlos war, war es offensichtlich.

Eine Antwort kam nicht. Scheiße. Ich hatte Recht, er liebte mich nicht. Jetzt konnte er sich eine andere suchen oder diese Sylvia nehmen. Eine Flasche Wein linderte mein Elend, den Sex in der Nacht mit meinem Ex ließ ich mehr oder weniger über mich ergehen. Ekel erfüllte mich vor mir selbst, ich verabscheute meinen Ex und der Gedanke an Kevin war ein undefinierbarer Schmerz, wie hinter einer trüben Glaswand. Vielleicht sollte ich doch zu Marianne gehen. Als am nächsten Tag keine Antwort von Kevin kam, wusste ich, dass es vorbei war. Ich klopfte dann bei Marianne an und sie nahm mich auf. Meinen Ex konnte ich nicht mehr sehen, seine Anwesenheit war mir zuwider. Es war der dritte Tag weg von Zuhause.

Anna flüchtet vor allem. Reden möchte sie mit niemandem. Die Zweifel übermannen sie. Sie zweifelt an sich, an Marianne, an Kevins Liebe, an allem. Sie fühlt sich klein und nichtig, leer, ungeliebt, bedeutungslos, ohne Existenz.

Um dem zu entgehen, spaltet sie all das ab, was Schmerz in ihr verursachen könnte. Vor allem die eigenen Gefühle sind gefährlich. Die Angst vor der Enttäuschung und dem Verlassenwerden sitzt tief. So spaltet sie auch diese ab, und weiß dann nicht mehr, ob und was sie noch fühlt.

In diesem Zustand kommt es zur SMS an Kevin, der ohne die Hintergrundinformationen kaum eine Chance hat, sie zu verstehen. Für ihn sind nur die Zweifel an ihm sichtbar.

Der Schmerz verschwindet nicht gänzlich. Anna wertet sich selbst ab, sie ekelt sich vor sich selbst und ihrem Leben.
Mit dieser Selbstwahrnehmung kann sie nicht annehmen, dass jemand sie lieben könnte.

Um allem zu entkommen, schläft sie wieder mit ihrem Ex. Es gibt kein Entrinnen. Der Ekel bleibt, so wie auch das Chaos. Es kommt zum freien Fall. Fixpunkte, an denen sich Anna festhalten könnte, gibt es nicht. So ist sie mit sich und ihrem Selbsthass allein.

Kevin ist geschockt, als er die SMS mit dem Inhalt „Ich weiß nicht mehr, was ich fühle“ bekommt. Seine Welt bricht wieder mal zusammen. Und als er erfährt, dass Anna bei ihrem Ex übernachtet hat, versteht er gar nichts mehr. Er findet keine ersichtlichen Gründe für ihr Verhalten, welches ihm wehtut. Am Tag davor war die Welt noch in Ordnung, und dann wird er wieder unerwartet in einen anderen Zustand geschleudert.

Auch in der folgenden Nacht fand ich keinen Schlaf. Ich begab mich zum Arzt und ließ mich für den Rest der Woche krankschreiben. Ich musste mich sammeln und Kraft finden. Seitdem ich wusste, dass Anna bei ihrem Ex war, ging es mir derart schlecht, dass ich am liebsten krepiert wäre. Ich hätte sie gern zur Rede gestellt. Meine Gedanken spielten verrückt. Ich hatte alles für diese Frau getan, zahlte die Wohnung, da ich wesentlich mehr verdiente als sie, kaufte ihr alles, was sie brauchte, versuchte ihr das Zuhause zu bieten, das sie anscheinend nie gehabt hatte, und sie hinterging mich mit ihrem Ex, dem Kerl, der sie angeblich emotional und körperlich misshandelt hatte. Ich fühlte mich so leer. Abends checkte ich meine E-Mails und sah ihren Namen im Posteingang. Noch nie zuvor hatte sie mir eine E-Mail gesendet. Ich überwand meine Angst vor dem, was möglicherweise drinstehen würde und öffnete sie. Ich las sie bestimmt zehnmal, murmelte die Worte, aber ich konnte nicht verstehen, was sie da schrieb, was sie mir sagen wollte. Die Mail endete mit den Worten „Ich vermisse dich". Was sollte das? Sie schrieb, sie sei nicht gut genug für mich. Ich verstand die Welt nicht mehr. Ich hätte ihr gerne geantwortet, aber ich wusste nicht, was ich schreiben sollte. Sie saß bei ihrem Ex und schrieb mir diesen offensichtlichen Schwachsinn. Was war das für ein Spiel? Ich hatte nicht vor, mir das gefallen zu lassen. Ich hatte Marianne versprochen, Anna nicht zu sagen, dass sie mir verraten hatte, wo sie war. Das machte die ganze Situation noch komplizierter, da ich offiziell nicht wusste, wo sie steckte. Ich wusste selbst nicht, wie ich mit der Situation umgehen sollte, konnte es aber nicht mit Anna klären, da ich einen wesentlichen Teil der Situation offiziell nicht kannte. In mir saß ein tiefer Schmerz, die schwere Last der Enttäuschung lag auf meinen Schultern. Ich antwortete nicht, ich hatte auch nicht vor, zu antworten. Zunächst musste ich zu mir kommen und eine Antwort auf die Situation finden. Ich konnte mich auf nichts konzentrieren. Anna ging nicht aus meinem Kopf. Wie konnte sie mir das antun? Ich brauchte Ruhe. Ich lag auf dem Bett, meine Augen starrten blicklos an die Decke. Ich konnte keinen klaren Gedanken fassen und mein Körper schmerzte.

Ich rief Marianne an und fuhr dann zu ihr. Sie erzählte mir, Kevin mache sich große Sorgen um mich und versuchte mich zu überzeugen, mich bei ihm zu melden. Ich erwiderte, ich hätte ihm eine E-Mail geschrieben, aber keine Antwort erhalten. Er mache sich ganz offensichtlich keine so großen Sorgen, wie Marianne dies suggeriert hatte. Marianne zögerte etwas, wand sich, stammelte vor sich hin, und eröffnete mir schließlich, dass sie ihm gesagt hatte, wo ich war. Ich konnte es kaum fassen. Meine beste Freundin hatte mich verraten. Ich schrie meine Enttäuschung vorwurfsvoll hinaus. Sie versuchte, mich zu beruhigen, erklärte, sie hätte es tun müssen, Kevin sei so verkehrt nicht. Ich war verzweifelt. Ich war sowohl wütend auf Marianne als auch auf Kevin. Marianne war jetzt auf Kevins Seite. Sie verstanden mich nicht, gaben sich noch nicht einmal Mühe, mich zu verstehen. Ich wusste, ich konnte ihm nicht vertrauen, ihr nicht vertrauen. Ich wollte niemanden mehr sehen. Ich nahm die halb volle Flasche Vodka, knallte die Türe zu und verschwand. Einfach nur weg. Weg von Menschen, die mir wehtun, weg vom Schmerz. Ziellos fuhr ich durch die Straßen, die Augen halb blind vor Tränen. Es war alles ohne Wert, auch mein kleines beschissenes Leben. Es hatte keinen Sinn. Ich war drei Tage nicht mehr auf Arbeit gewesen und wollte dort auch nicht mehr hin. Ich hatte meine beste Freundin verloren. Ich hatte meinen Mann verloren, meinen Liebsten, meinen Halt. Ich war nichts und hatte nichts. Die Welt wurde schwarz. Ich merkte noch nicht einmal, dass ich in den Graben fuhr. Dann tauchten Polizei und Notarzt auf. Von mir aus hätten sie auch wieder gehen können. Ich ließ ihre hektischen Bemühungen über mich ergehen, konnte aber keinen Bezug zu den Dingen entwickeln. Warum ließen sie mich nicht einfach sterben? Ich hatte hier ohnehin nichts mehr zu erledigen und auch genug erlebt.

Anna fühlt sich von allen verraten. Hinzu kommt, dass sie sich unbewusst schämt und schuldig fühlt, weil Kevin wusste, wo sie war. Die Scham will sie nicht fühlen, so spaltet sie wieder und schiebt alles auf Marianne, die sie „verraten" hat.

Es folgt die übliche Selbstabwertung. In ihrer Sicht der Welt hat sie nichts, keine Freunde, kein Leben, kein Vertrauen. Sie ist einsam und die Einsamkeit frisst sie auf. Die Welt ist schwarz. Gedanken an den Tod kommen. Das Leben hat keinen Sinn, nichts hat mehr Sinn.

Anna flüchtet in die Dissoziation, die ihr gnädigerweise erlaubt, den Schmerz nicht mehr zu spüren, um den Preis, dass alle Verbindungen zur Außenwelt gekappt sind.

Kevin ist enttäuscht, dass Anna bei ihrem Ex geschlafen hat. Leichte Wut kommt hoch, aber die Liebe zu Anna ist immer noch stärker als die negativen (berechtigten) Gefühle, die sich an der Oberfläche bemerkbar machen. Es wird ihm bewusst, was er alles für sie getan hat und kann nicht verstehen, wie sie ihn so verletzen und hintergehen kann. Die doppeldeutige E-Mail verunsichert ihn noch mehr.

Abends klingelte mein Telefon. Es war die Polizei. Sie teilten mir mit, dass Anna einen Unfall hatte und nun im Krankenhaus liege. Geschockt fragte ich, wie es ihr gehe. Ich hatte Angst um sie, sorgte mich, war so enttäuscht und fühlte mich gleichzeitig unendlich hilflos. Der Polizist berichtete, sie habe sich einige Prellungen und Kratzer zugezogen, wohl nichts Ernstes, aber sie müsse einige Tage im Krankenhaus zur Beobachtung bleiben – wegen etwaigen inneren Verletzungen. Ich setzte mich sofort ins Auto und fuhr ins Krankenhaus, weiterhin mit gemischten Gefühlen. Schließlich waren wir noch verlobt. Als ich ins Krankenhaus kam, ging ich zunächst zum behandelnden Arzt. Er berichtete, Anna habe einen Unfall erlitten und Alkohol im Blut. Es ginge ihr gut, aber sie solle ein paar Tage bleiben, damit man innere Verletzungen ausschließen könne. Dann durfte ich zu ihr ins Zimmer. Sie sah so weiß aus, so hilflos, so klein. Ihre Augen waren leer. Sie starrte mich an, als sehe sie mich gerade zum ersten Mal. Ich nahm ihre Hand, worauf sie zusammenzuckte und sie zurückzog. Es machte mir Angst, wie sie so da lag, so fremd und hilfsbedürftig. Trotz allem, was passiert war, wollte ich sie in den Arm nehmen, trösten, schützen. Ich schaute sie an, mein Hals brannte vor unterdrückten Tränen. Ich setzte mich an ihr Bett. Plötzlich liefen mir die Tränen die Wangen herunter, ohne dass ich etwas dagegen hätte tun können. Sie schaute mich weiterhin mit diesem leeren Blick an. „Hast du Schmerzen?", krächzte ich. Sie antwortete nicht und ihre Augen blickten weiterhin ins Leere, als ob sie mich gar nicht wahrnahm. Ich saß eine Stunde an ihrem Bett. Als ich aufstand und gehen wollte, hörte ich ein leises „Kevin?". Ich drehte mich um. Sie flüsterte: „Ich liebe dich." Ich nahm sie in den Arm und küsste sie auf die Wange. Am liebsten hätte ich sie sofort wieder mit nach Hause genommen, trotz der Geschehnisse. Sie sagte leise: „Ich will nach Hause." Ich sagte ihr, dass sie ein paar Tage im Krankenhaus bleiben müsse, ich sie aber jeden Tag besuchen und dann nach Hause mitnehmen würde. Drei Tage später holte ich sie ab und brachte sie heim. Ihr ging es nicht gut. Sie äußerte, sie müsse schlafen. Meine Hilfe beim Ausziehen blockte sie komplett ab. Im Augenwinkel sah ich Narben an ihren Oberarmen. Sie zog sich dann allein und unter Schmerzen um und legte sich ins Bett. Ich rief Marianne an und sagte ihr, dass Anna wieder zu Hause und alles in Ordnung war.

Als sie am Tag danach wach wurde, umarmte sie mich und brach in Tränen aus. Ich versicherte ihr, dass alles gut sei. Auf die Geschichte mit dem Ex wollte ich sie nicht ansprechen, denn sie erschien mir sehr fragil und verletzlich. Sie brauchte erst einmal Schonung. Ich fragte sie, ob sie Marianne sehen wolle, aber sie lehnte das ab. Sie wollte niemanden sehen.

Ihr Auto brachte ich in eine Werkstatt. Man nahm ihr wegen Alkohol am Steuer vorläufig den Führerschein weg.

Sie brachten mich ins Krankenhaus. Ich wollte nicht wirklich dorthin gebracht werden, aber meine Meinung interessierte niemanden. Dann war auf einmal Kevin da. Er war in der Nähe und doch ganz weit entfernt. Ich sah, wie er weinte. Kevin war ein lieber Mensch. Er hatte mich noch nie hängen lassen. Er war sogar hier im Krankenhaus.

Vielleicht liebte ich ihn doch. Ich wollte nach Hause, wollte zu Kevin. Ich würde nie mehr weggehen. Es war schön, als er mich abholte und nach Hause brachte. Ich wollte nicht reden, hatte überall Schmerzen und wollte nur schlafen. Marianne rief an, aber von ihr wollte ich nichts mehr wissen. Sie hatte mich verraten, mein Vertrauen zu ihr war vernichtet. Dann rief meine Mutter an. Sie hatte gehört, dass ich einen Unfall hatte und wollte sich nach meinem Befinden erkundigen. Kevin ging an mein Handy. Sie fragte, wer er sei. Er sagte, er sei mein Verlobter und sie fragte, seit wann, denn sie wusste von nichts. Er schaute mich fragend an. Ich nahm ihm das Handy weg und erklärte ihr, mir ginge es gut und ich würde meine Ruhe benötigen. Dann legte ich auf. Kevin fragte, wieso ich mit meiner Mutter so umginge. Wahrheitsgemäß erklärte ich ihm, wir seien zerstritten und hätten seit einem Jahr keinen Kontakt mehr.

Ihr war es in Wirklichkeit egal, wie es mir ging, es war ihr immer egal gewesen. Sie war nur neugierig. Sie hatte mich als Kind immer für ihre Probleme verantwortlich gemacht und mich auch geschlagen. Sie kritisierte mich ständig, weil ich nicht so war, wie sie mich gerne gehabt hätte. Mein Vater hatte sie verlassen, als ich drei Jahre alt war. Meine Mutter ließ mich immer wieder spüren, dass es meine Schuld war, und ich trug schwer an dieser Bürde. Ihre Männer waren immer seltsam, und ich hörte nicht mehr auf, mich als Störfaktor in ihrem Haus zu fühlen. So haute ich mit 16 Jahren von zu Hause ab. In den Folgejahren kam ich immer wieder zurück, versuchte immer wieder, den Kontakt aufzubauen, aber letztes Jahr brach ich ihn endgültig ab, weil es einfach aussichtslos war, auf eine Änderung zu hoffen. All das erzählte ich Kevin unter Tränen.

Anna ist im Krankenhaus und fühlt sich hilflos. Als sie Kevin sieht, wird sie emotional, denn Kevin ist gekommen, um sie zu besuchen,

um sie nach Hause mitzunehmen. Er ist ihr nah und doch so fern. Aus Annas Erzählung über ihre Kindheit kann man erahnen, wieso sie unsicher und instabil geworden ist. Die Familienstruktur hat sie zu dem gemacht, was sie ist und ihr die Abwehrmechanismen „beschert", die im jungen Alter überlebenswichtig waren. Sie ist unsicher, beladen mit Schuldgefühlen und Selbstablehnung, ohne dass ihr das bewusst ist.

Annas Handy klingelte. Auf dem Display erschien „Mutter". Sie bat mich, das Telefonat anzunehmen. Ich meldete mich mit meinem Namen und war etwas überrascht, als es aus dem Hörer tönte: „Wer sind Sie und wo ist Anna?" Ohne Grußformel, ohne in irgendeiner Art und Weise Zeit zu verschwenden. Ich erwiderte, ich sei ihr Verlobter, Anna liege im Bett, weil es ihr nicht gut ginge. Sie erklärte, sie habe gehört, dass Anna einen Unfall gehabt hatte, und wolle wissen, wie es ihr geht. Sie fing an, mir Fragen zu stellen. „Wie lange seid ihr verlobt? Wieso weiß ich nichts davon?" Anna muss meinen Gesichtsausdruck richtig gedeutet haben, denn sie nahm mir das Handy aus der Hand. Zu meinem Erstaunen hörte ich sie jedoch in einer kalten Tonlage wenige Worte sprechen. „Mir geht es gut. Ich brauche jetzt meine Ruhe." Dann legte sie auf. Ich fragte sie, was sie dazu bewegte, so mit ihrer Mutter umzugehen. Auf einmal glitzerten Tränen in ihren Augen. Mit gepresster Stimme erzählte sie von ihrer Mutter und ihrer Kindheit und erklärte, dass sie den Kontakt mit ihrer Mutter abgebrochen hätte. Nachdem ich einige ihrer Erlebnisse gehört hatte, konnte ich das nachvollziehen. Meine arme Anna, sie musste Schlimmes erdulden. In diesem Moment kam sie mir wieder vor wie ein kleines, unbeholfenes Mädchen. Nach etwas Überlegungszeit sprach ich die Narben an, die ich gesehen hatte. Ich konnte mir vorstellen, dass sie etwas mit den Kindheitserlebnissen zu tun hatten. Sie sah verwundert aus und fing wieder an zu weinen. Schluchzend gewährte sie mir Einblicke in ihre Seele. Während ich ihren Worten lauschte, wurden Mitleid mit ihr und meine Liebe zu ihr immer größer. Nach Annas Erzählungen muss ihre Mutter so schlimm gewesen sein, dass Anna sich zweimal das Leben nehmen wollte. Wenn sich Anna in die Enge getrieben und bedroht fühlte, schnitt sie sich. Damit hatte sie allerdings aufgehört. Meine arme Anna! Dann fing sie an, über ihren Ex zu reden und beichtete mir, dass sie kurz bei ihm gewesen sei. Im gleichen Atemzug beteuerte sie, dass da nichts gelaufen und die Geschichte längst vorbei wäre. Sie schilderte ihre Verzweiflung und ihr Gefühl, dass sie in diesem Moment niemanden gehabt hätte, zu dem sie hätte gehen können. Sie ergänzte, sie hätte sich komisch gefühlt und sei wie unter Hypnose hingefahren. Als ich sie fragte, was ich ihr angetan hätte und warum sie weg von mir gewollt hätte, sah sie mich gequält an. „Ich weiß es nicht. Ich dachte, du liebst mich nicht. Ich dachte, du willst nichts mehr von mir." Verstehen konnte ich das zwar nicht, aber sie tat mir sehr leid. Ich nahm sie in den Arm und versprach ihr, dass ich sie immer lieben würde. Jetzt wusste ich jedenfalls einiges mehr über sie und konnte auch im Ansatz nachvollziehen, weshalb sie so empfindlich war. Das kam sicherlich von ihren Erlebnissen. Die Geschichte mit dem Ex ließ mir indes keine Ruhe. Ihre Erzählungen ergaben keinen Sinn. Einerseits erzählte sie nur Schlimmes von ihm, andererseits fuhr sie in einer Notsituation zu ihm. Ich war eigentlich davon ausgegangen, dass sie keinen Kontakt mehr zu ihm hätte. Als ich nachhakte, wurde sie plötzlich abweisend und kalt. Sie fragte „Vertraust du mir nicht? Ich habe dir doch gesagt, da war nichts. Mehr ist dazu nicht zu sagen. Ich will nie wieder über dieses Thema reden." Trotz der Widersprüchlichkeiten und meiner daraus resultierenden Zweifel stellte ich keine weiteren Fragen mehr.

Kevin bohrte nach, weshalb ich bei meinem Ex gewesen war. Was ging ihn das an? Marianne, die Idiotin, hatte ihm wohl erzählt, dass ich dort übernachtet hatte. Offensichtlich hatte sie auch meinem Ex von dem Unfall erzählt, denn ich hatte einige fragende SMS von ihm erhalten, mich aber nicht danach gefühlt, ihm zu antworten. Mein Ex sollte mich in Ruhe lassen, Kevin aber auch. Es wäre auch angebracht, wenn Marianne mich in Ruhe ließe, schließlich war sie nicht mehr meine Freundin. Loyalität war ihr fremd, sie war nicht in der Lage gewesen, ihren Mund zu halten, das war sie nie.

Dann rief auch noch Sabine an und forderte mich auf, meine Post bei ihr abzuholen. Sie drohte mir, sie sonst vorbei zu bringen. Ich wollte diese Post nicht sehen. Es konnte nichts Gutes sein. Laut Sabine waren Briefe meines Arbeitgebers und meines ehemaligen Vermieters dabei. Was wollte mein Ex-Vermieter von mir? Ich war nicht willens, ihm noch mehr Geld in den Rachen zu werfen, schließlich hatte er meine gesamte Kaution einbehalten. Und mein Arbeitgeber? Ich hatte doch die Arbeitsunfähigkeitsbescheinigung des Krankenhauses hingeschickt.

Sabine tauchte tags darauf mit meiner Post auf. Sie klingelte, als Kevin arbeiten war. Als ich die Tür aufmachte, nahm sie mich zunächst einmal in den Arm. Dann drückte sie mir die Post in die Hand. Der Brief meines Arbeitgebers entpuppte sich als Kündigung. Scheiß auf die Kündigung, ich wollte ohnehin weg und mir einen neuen Job suchen. Mein Vermieter wollte Geld, er konnte den Hals offenbar nicht voll genug bekommen. Sabine erzählte, ein Gerichtsvollzieher habe nach mir gesucht aufgrund eines Vollstreckungsbescheids wegen einer Stromrechnung. Sie erklärte, es bezahlt zu haben, um weitere Kosten zu vermeiden, und bat mich darum, ihr das Geld zu erstatten, wenn ich wieder flüssig sei.

Als sie weg war, loggte ich mich in Kevins Laptop ein. Eigentlich wollte ich nach Stellenangeboten schauen, aber meine Gedanken schweiften immer wieder ab. Ich ertappte mich dabei, wie ich mir E-Mails von Kevin ansah. Auch wenn es mich nichts anging, so sprang mir doch eine E-Mail sofort ins Auge – sie war von Sylvia. Ich öffnete sie. „Hallo

Kevin! Es war schön, dich nach so langer Zeit wieder zu sehen. Ihr habt eine schöne Wohnung und deine Verlobte ist sehr sympathisch. Ich freue mich für dich und hoffe, dass wir uns bald wieder sehen. Ich habe zurzeit etwas Stress mit meinem Mann, weil ich sehr viel arbeite. Ich hoffe, das wird sich legen. Ansonsten geht es mir gut. Wie geht es dir? Melde dich mal. Bussi, Sylvia." Seine Antwort fiel verdächtig zugänglich aus: „Hallo liebe Sylvia, ich habe mich auch sehr gefreut, dich wieder zu sehen. Du siehst wie immer blendend aus! Mir geht's momentan auch nicht so gut, habe ein paar Probleme mit Anna. Wir könnten uns mal treffen und reden. Melde dich mal, wenn du Zeit hast. Liebe Grüße, Kevin." Die E-Mail war zwei Wochen alt. Sie hatte Probleme, er hatte Probleme. Ich konnte mir das Ende eines derartigen Treffens gut vorstellen. Vor allem aber beging er Verrat an mir, er redete mit Sylvia über mich. Sie würde mit Sicherheit jede Möglichkeit nutzen, mich auf eine subtile, weniger vordergründige Art und Weise schlecht zu machen. Die E-Mail hatte sie vermutlich deshalb so freundlich geschrieben, um ehrlich und voll von reinen Absichten zu erscheinen. Bei mir läuteten alle Alarmglocken. Als er nach Hause kam, stellte ich ihn zur Rede.

Die Spirale aus Gefühlen von Wertlosigkeit und Nichtigkeit fängt wieder an, sich zu drehen, als Sabine mit den Hiobsbotschaften kommt.
Das Durchsuchen von Kevins Mails ist Ablenkung. Als sie dann noch meint, etwas gefunden zu haben, kann sie von sich selbst ablenken. Sie hat unbewusst wieder eine Projektionsfläche gefunden, auf der sie alles an Schmerz und Angst abladen kann.

Kevin hat Mitleid mit Anna, nachdem sie sich geöffnet hat. Er liebt sie noch mehr und will sie beschützen. Auch wenn ihm die Geschichte mit dem Ex und ihre Erklärung, wieso sie zu ihm fuhr, nicht ganz

plausibel erscheint und widersprüchlich vorkommt, versucht er es in seinem Kopf zu rationalisieren. Trotzdem lässt ihm das keine Ruhe.

Ich kam von der Arbeit nach Hause. Keine Begrüßung, kein liebes Wort. Anna sah mich kalt an. Als ich sie fragte, ob alles in Ordnung sei, zischte sie: „Na? Warst du wieder bei Sylvia?“ Ich hatte nicht die geringste Ahnung, wovon sie redete, denn ich hatte Sylvia seit der Party nicht mehr gesehen, und das war Wochen her. Ihre Stimme wurde lauter: „Ich weiß alles! Ich habe deine E-Mails gelesen! Bussi hier, Bussi da! Ihr wollt Euch treffen und über mich und über ihren Mann reden, über die Probleme, die ihr mit uns habt! Wieso redest du nicht mit mir über die Probleme, die du mit mir hast? Ich hab’ doch gewusst, dass du mich betrügst! Du willst, dass ich dir vertraue? Du widerst mich an, geh doch zu deiner blonden Schlampe, wenn sie so toll aussieht, wie du geschrieben hast! Ach nee … Blendend sieht sie ja aus. Wieso hast du Arschloch mich im Krankenhaus abgeholt? Aus Mitleid? Verpflichtung? Nein, so etwas brauche ich nicht. Dich brauche ich nicht!“ Ich hatte keine Chance, zu Wort zu kommen. Als sie mich als Arschloch beschimpfte, zerbrach etwas in mir und ich fing an zu schreien, denn ich konnte diese grundlosen Anschuldigungen nicht länger ertragen. Sie war doch diejenige, die bei ihrem Ex gewesen war, sie war es doch, die immer plötzlich und wortlos verschwand. „Anna, diese Schuhe zieh‘ ich mir nicht an. Wer gibt dir das Recht, meine E-Mails zu lesen? Ich habe dir nichts getan und ich erlaube dir nicht, mich hier grundlos anzuschreien. Du warst bei deinem Ex, obwohl du mir gegenüber gesagt hast, es sei längst vorbei. Du hast erzählt, dass er dich belogen und betrogen hat und das Gleiche wirfst du mir jetzt vor. Hör auf damit!“ Sie durchquerte die Tür und in einer hässlichen Stimmlage fauchte sie: „Ich habe mit ihm gefickt und es hat mir Spaß gemacht.“ Bevor ich sie erwischen konnte, war sie auch schon im Bad und hatte sich eingeschlossen. Ich hämmerte mit den Fäusten an die Tür, aber aus dem

Bad fauchte es weiter: „Ich will nicht mehr, ich hasse dich, du ekelst mich an, geh weg und lass mich in Ruhe!“ Ich war so wütend, dass ich kaum atmen konnte. Ich musste hier raus, bevor ich etwas tat, was ich später bereuen würde. Ich schnappte meine Jacke und fuhr zu Rudi. Als ich dort ankam, war meine Wut verflogen und ich am Boden zerstört. Was war mit Anna los? Langsam verstand ich gar nichts mehr. Rudi blickte mich nur an und öffnete mir sofort ein Bier. Mein Handy stand nicht still. Eine SMS nach der anderen kam bei mir an: „Ich hasse dich, du Arschloch! Verschwinde doch aus meinem Leben, geh zu deiner Sylvia!“ „Ich will nichts mehr von dir wissen. Glaub nicht, dass du noch eine einzige Chance bekommst, mir wehzutun. Die hast du gehabt und reichlich missbraucht.“ „Immer bin ich schuld, du bist wie meine Mutter, immer bin ich die Böse!“ Rudi nahm mein Handy, machte es aus und stieß mit mir an. Mir war kalt, innerlich zitterte ich richtig. Rudi stimmte mir darin zu, dass mit Anna etwas nicht stimmte. So richtig sicher war ich mir da jedoch auch nicht. Sie konnte so lieb sein, so zugewandt, geistreich, witzig und intelligent, und dann aus nichtigem Anlass oder grundlos, ganz plötzlich zornig und wütend werden, voller Hass. Das hatte ich nie verstanden. Was hatte ich ihr dieses Mal getan? Hatte sie wirklich mit dem Ex geschlafen, wie sie es behauptet hatte? Falls ja, warum? Ich war versucht, ihn aufzusuchen und zu fragen, allein mein Stolz hielt mich davon ab. Ich hatte Angst davor, nach Hause zurückzukehren. Als ich mein Handy wieder einschaltete, fand ich weitere beleidigende SMS von Anna vor. Ich war kurz davor, das Handy wieder auszuschalten, als ich eine erschreckende Nachricht vorfand: „Ich bringe mich um. Ich will nicht mehr.“ Rudi und ich eilten zu mir nach Hause. Anna saß im Bad. Ihre Hände waren blutig. Diesen Anblick werde ich mein ganzes Leben lang nicht vergessen. Als ich sie ansprach, begegnete sie mir mit leeren, abwesenden Augen. Sie sprach langsam: „Verzieh dich. Lass mich in Ruhe. Kümmere dich um dein eigenes Leben.“ Ich erwiderte, ich würde den Notarzt rufen. Unvermittelt sprang sie auf und schrie, sie brauche keinen Arzt. Erst dann sah ich, wo das Blut herkam. Am Boden lag eine Rasierklinge und aus Schnitten an den Oberarmen rann das Blut. Es war schlimm. Sie setzte sich wieder und schaute ins Leere. Ich wusste nicht, wie ich reagieren, mich korrekt verhalten sollte. Rudi stand neben mir, wie zu einer Säule erstarrt, überfordert mit der Situation. Irgendwann murmelte er: „Es wäre besser, den Arzt doch anzurufen.“ Sie drehte sich zu ihm und warf ihm einen vernichtenden Blick zu. Er solle sich da raushalten, forderte sie. Ich bat Rudi zu gehen und er verschwand nach einem letzten, zweifelnden Blick. Ich hatte Angst. Hilflosigkeit lähmte mich. Abends legte ich mich auf die Couch. Anna saß in der Küche. Sie schwieg. In der Luft lag eine Spannung, die sich nicht greifen ließ. Ich fühlte mich unwohl. Was war mit Anna los? Ich wollte es wissen.

Am nächsten Tag ließ ich mich noch eine Woche krankschreiben. Unter solchen Umständen war es nicht vorstellbar, arbeiten zu gehen. Ich sah aus wie ein Zombie, und das, was ich fühlte, entsprach meinem Äußeren. Ich war ausgelaugt, kraftlos, leer und verzweifelt.

Als Kevin nach Hause kam, sprach ich ihn sofort auf seinen E-Mail-Verkehr mit Sylvia an. Die E-Mails waren eindeutig. Er beschimpfte mich und machte mir unglaubliche Vorwürfe. Dass er sich so aufregte, bestätigte nur, dass er tatsächlich etwas mit Sylvia hatte. Das war ein sicheres Zeichen dafür, dass er log. Er schrie so laut, dass man es in der Wohnung unter uns noch hätte hören können. Ich war überzeugt, dass er sich mit Sylvia getroffen hatte, andernfalls hätte er nicht so schreien müssen. Das verletzte mich. Es tat so weh. Es zerriss mich innerlich.

Nur um ihn zu verletzen, verriet ich ihm, dass ich mit meinem Ex geschlafen hatte. Ich wollte ihm wehtun, und ja, es saß. An das, was danach passierte, kann ich mich nur noch ganz verschwommen erinnern, die Bilder sind sehr unscharf. Es war wieder einmal einer dieser

Zustände, in denen es wehtat, in denen das Chaos in meinem Kopf wütete und ich die Kontrolle verlor. Ich schnitt mich. Und während ich so schnitt, standen auf einmal Kevin und Rudi vor mir, aber wie hinter einer Glasscheibe. Alles passierte wie hinter einer Glasscheibe, selbst die Schnitte. Ich selbst war nicht auf meiner Seite der Glasscheibe, ich konnte mir zusehen, und ich spürte noch nicht einmal den Schmerz der Schnitte. Ich wollte nichts mehr sehen, nichts mehr hören, nichts mehr fühlen. Vermutlich wollte ich sterben, ich weiß es nicht mehr. Als ich irgendwann wach wurde, war Kevin nicht mehr da.

Die E-Mails als Anlass rechtfertigen Annas Verhalten nicht. Es ergibt nur dann Sinn, wenn man begreift, dass hier viel mehr an Schmerz, Enttäuschung und Angst abgeladen wird, als die E-Mails es veranlassen. Anna fühlt sich enttarnt, sie schämt sich. Kevin hat sie (nicht wissend) mit ihren Unzulänglichkeiten konfrontiert. Sie projiziert ihre Ängste und auch ihr eigenes Fehlverhalten auf Kevin. Sie muss ihn verletzen. Er ist böse. Er muss leiden, damit sie ihren Schmerz und die Scham nicht mehr spürt. Blinde Wut überkommt sie. Die mächtigste Waffe in der aktuellen Situation ist die Information über den Sex mit dem Ex. Und so überträgt sie ihren Schmerz auf Kevin.

Nach der Schlacht verlieren die Konsequenzen ihrer Handlungen an Bedeutung. Es wird alles egal. Und dennoch bestraft sie sich, ohne dass sie das Ritzen überhaupt als eine Strafe wahrnimmt. Die Schnitte bauen den Druck ab, und erst wenn sie sich genug bestraft hat, darf sie wieder am Leben teilnehmen.

Kevin ist mit der Situation und Annas Wutausbruch überfordert. Er ist reine Projektionsfläche für Anna, was beiden nicht bewusst ist. Er wird wütend und sauer, aber als sie mit Suizid droht, überkommt ihn wieder die Angst und Sorge. In kurzer Zeit wird er durch alle Ge-

fühlslagen geschleudert. Dieser Achterbahnfahrt der Gefühle ist schwer auszuhalten. Körper und Geist brechen zusammen.

Rudi holte mich dann zu sich. Er begründete dies damit, dass mir ein bisschen Abstand gut tun würde. Er hatte recht. Ich konnte diese Achterbahnfahrt der Gefühle nicht mehr aushalten, der Schmerz war unerträglich, es war zu viel. Obwohl ich kilometerweit von ihr entfernt war, dachte ich ständig an Anna. Rudi tat alles, um mich abzulenken, aber es ging nicht. Ich wurde die vielen Fragen nicht los, die fortwährend in meinen Gedanken kreisten. Auf der einen Seite war ich stinksauer auf sie und sehr verletzt, auf der anderen Seite tat sie mir leid. So etwas hatte ich zuvor noch nie erlebt. Ich war immer ein Fels in der Brandung gewesen, selbstbewusst, ruhig und stabil, aber diese Frau hatte mich dazu gebracht, zu wanken und alles in Zweifel zu ziehen. Das Schlimmste daran war, dass ich sie nach wie vor liebte und hoffte, es würde sich alles zum Guten wenden. Ich wollte wieder nach Hause, wollte sehen, was sie machte und wie es ihr ging. Gleichzeitig hatte ich Angst, dass sie dort nicht mehr zu finden war.

Zwei Tage später ging ich zurück nach Hause. Als ich die Wohnung betrat, war alles sauber und geputzt. Anna saß am Rechner, als ob nichts gewesen wäre, und fragte streng: „Wo warst du?“ Ich erklärte ihr, dass ich bei Rudi war, weil ich verdauen musste, was passiert war. Sie schaute fragend. Mit einem Ausdruck der Ungläubigkeit stand sie schließlich auf und fragte: „Warst du wirklich bei Rudi?“ Ich bot ihr an, ihn anzurufen und zu fragen. Sie sagte, ich sähe schlimm aus. Erstaunlicherweise sah sie sehr gut und erholt aus. Ich wollte mit ihr reden. Sie blockte ab, meinte, da gebe es nichts zu reden. Ich blickte auf den Bildschirm. Anna war offenbar auf Jobsuche. Als sie meinen Blick bemerkte, eröffnete sie mir, sie habe gekündigt und müsse nun schnell einen neuen Job finden. Davon hatte ich nichts gewusst. Ich fragte, ob sie Hilfe benötige. Sie lehnte ab, erklärte, sie könne sich selbst darum kümmern. Sie kam mir sehr fremd vor, distanziert und kalt. Die Ruhe, die sie ausstrahlte, barg nichts Vertrautes. Ich fragte nicht nach, weshalb sie gekündigt, es mir aber nicht erzählt hatte. Da sie weiter nach Stellen suchen wollte, war sie nicht sehr gesprächig. Ich zog mich ins Schlafzimmer zurück und legte mich hin. Eine halbe Stunde später erschien sie. Unerwartet schmiegte sie sich an mich und zog all meine Sinne in Bann. Wir schliefen mehrmals miteinander, es war so intensiv wie am Anfang, und es war wunderschön. Sie hatte sich das erste Mal ganz ausgezogen. Ich konnte ihre Nacktheit spüren und bewundern. Wir waren uns ganz nah. Als ich die Narben erblickte, durchzog ein Strom von Mitgefühl mein Herz. Nackt lag sie in meinen Armen und ich spürte ihre Unbeholfenheit und ihre Hilflosigkeit. Ich hielt sie fest und ganz nah bei mir. So blieben wir, bis wir irgendwann einschliefen. Ich hatte noch so viele Fragen an sie, aber ich traute mich nicht, die Stimmung mit einer Frage zu verderben. Ich wusste ja nicht, wie sie reagieren würde. Ich würde schon noch den richtigen Zeitpunkt finden, um mit ihr zu reden.

Ich räumte die Wohnung auf und wartete auf Kevin. Er kam nicht nach Hause. Zwei Tage lang war er weg. Ich grübelte, machte mir tausend Gedanken, wollte ihm aber nicht hinterher rennen. Klare Erinnerungen hatte ich nicht. Ich wusste nur, dass wir heftig gestritten hatten und dass ich mich wieder geschnitten hatte. Ich ging bei Rudi vorbei und sah dort Kevins Auto stehen. Beruhigt ging ich nach Hause zurück. Ich musste mich um eine neue Stelle kümmern und mein Leben insgesamt in den Griff bekommen. Wenn ich nichts fand, konnte ich dort wieder kellnern, wo ich früher gekellnert hatte. Dort hatte ich auch meinen Ex kennengelernt. Der Chef war nett und ich war sicher, dass er mich wieder einstellen würde. Das ließ ich als letzte Option offen. Sabine hatte mir zugesagt, bei ihrem Arbeitgeber nachzufragen, ob dort jemand gesucht würde. Ich würde schon etwas finden.

Als Kevin nach Hause kam, sah er furchtbar aus. Ich hatte Angst um ihn gehabt, und Angst davor, dass er nie wiederkommen würde. Es war beruhigend, das Geräusch des Schlüssels im Schloss zu hören. Ich öffnete schnell eine Seite mit Stellenangeboten, damit er nicht sah, dass ich bis gerade eben im Chat gewesen war. Als er näher kam, fragte ich ihn, wo er gewesen war. Er antwortete, er sei bei Rudi gewesen. Das wusste ich, wollte es aber nicht kundtun. So fragte ich ihn noch einmal, ob er wirklich bei Rudi gewesen war. Ich berichtete dann, dass ich gekündigt hatte, dass ich einen neuen Job bräuchte und auf Stellensuche wäre. Er sah mich mit einem merkwürdigen Blick an, den ich nicht recht deuten konnte. Aus Angst, er wolle wieder anfangen, über unseren Streit zu reden, drehte ich mich zum Rechner um und vertiefte mich in die Stellenangebote. Ich nahm am Rande wahr, dass er ins Bett gegangen war und folgte ihm kurze Zeit später. Ich zog mich aus und schlief mit ihm. Wir hatten wilden Sex, bis wir schließlich einschliefen. Ab da war wieder alles in Ordnung. Kevin arbeitete, ich war zu Hause, kochte, spielte mit dem Kater und suchte nach einer neuen Stelle. Täglich war ich im Chat, wo ich viele nette Menschen kennenlernte. Eigentlich war es ein Online-Spiel, bei dem man auch chatten konnte. Dort hatte ich auch David kennengelernt. Er wohnte mindestens 500 km entfernt, aber ich unterhielt mich gern mit ihm. Wir waren auf einer Wellenlänge. Er erzählte mir alles über sich und wir verstanden uns blind. Ernst nahm ich das Ganze nicht, denn es war virtuell, aber ich ertappte mich dabei, wie ich immer öfter an David denken musste. Ich hatte ihm erzählt, dass ich Single sei, alleine in einer großen Wohnung leben würde und einen tollen Job hätte. Sicherlich wäre eine realitätsnähere Version auch möglich gewesen, aber er musste nicht alles wissen. Wir würden uns ohnehin nie sehen. David tat mir als Ablenkung gut.

Ich hatte einige Vorstellungsgespräche bei verschiedenen Unternehmen, erhielt aber nur Absagen. Es musste etwas passieren, denn ich brauchte Geld. Ich konnte unmöglich die ganze Zeit zu Hause im stillen

Kämmerlein verbringen. Zwar gingen Kevin und ich ab und zu aus, zum Essen, aber das reichte mir nicht. Kevin unternahm gerne etwas mit seinen Freunden, wozu er mich auch einlud, aber ich hatte keine Lust auf die Leute. Mit Marianne verstand ich mich wieder gut. Sie meinte, ich solle so lange kellnern, bis ich etwas anderes fand, sodass ich wenigstens Geld verdienen würde. Ich langweilte mich zu Hause und hatte kein Geld. Kevin gab mir alles, was ich brauchte, aber ich wollte so nicht leben. Ich wollte mein eigenes Geld verdienen.

Anna blendet aus, was passiert ist. Sie hat noch nicht einmal eine klare Erinnerung daran. Es wird nicht diskutiert. Anna sucht nicht das Gespräch und wehrt die Versuche von Kevin, eines anzufangen, ab. Denn dann müsste sie sich ihrer Scham und ihrer Angst stellen, was ihr nicht möglich ist.

Anna ist ohne festen Grund unter den Füßen. Um ihrer Verlustangst, die sie unterdrückt, Herr zu werden, chattet sie. Um einen Halt zu haben, eine Ablenkung, eine Scheinwelt. Dort kann sie sich als jemand anderes ausgeben, dort muss sie keine Angst haben. Dort ist die Welt in Ordnung.
Die Situation mit Kevin, die aufgrund des Totschweigens des Unfassbaren im Grunde unerträglich ist, wird ausgeblendet.

Aus Scham lügt sie über den Verlust ihres Arbeitsplatzes und lässt es so aussehen, als hätte sie gekündigt.

Kevin kann schwer mit der ganzen Situation und Annas Stimmungsschwankungen umgehen, weil er nicht ahnen kann, was in ihr vorgeht. Er weiß nicht, wie er mit ihr umgehen soll. Die Spannung, die er spürt, ist berechtigt, aber für ihn schwer erklärbar und nicht nachvollziehbar. Er hat Angst vor Annas Reaktionen. Als sie ihm

wieder nahe kommt, ist alles so intensiv wie am Anfang und die Spannungen lösen sich – für den Moment.

Die Nacht nach dem ganzen Drama war traumhaft. So intensiv und innig. Ich liebte diese Frau und würde alles für sie tun. Sie war momentan nicht erwerbstätig und verbrachte die meiste Zeit zu Hause. Sie suchte sehr aktiv nach einer neuen Stelle und schickte täglich Bewerbungen ab. Sie war nach den Geschehnissen der vergangenen Wochen noch ruhiger geworden. Ich traute mich nicht, sie wegen ihres Verhältnisses zu ihrem Ex anzusprechen. Es war wohl besser, wenn ich das auf sich beruhen ließ, möglicherweise würde es sonst wieder eskalieren, und das wollte ich nie mehr erleben. Ich war zufrieden damit, dass wir uns nun in ruhigeren Gewässern befanden. Ab und zu genossen wir ein Fläschchen Wein zusammen und schauten fern. Hier und da gingen wir aus, etwas essen oder ins Kino. Anna war recht häuslich. Sie blieb lieber zu Hause, als mit mir und meinen Jungs etwas zu unternehmen. Anna war etwas verunsichert, weil der neue Job auf sich warten ließ, aber ich beruhigte sie. Ich verdiente genug für uns beide, sie konnte von mir aus in aller Ruhe suchen, bis sie eine passende Stelle gefunden hatte. Sie erwähnte, dass sie vorübergehend kellnern gehen wollte, falls sie nicht demnächst einen Job fand. Ich fand, dass sie das nicht nötig hatte, wollte ihr diese Entscheidung aber nicht abnehmen. Ich hätte es nicht gerne gesehen, wenn sie nachts arbeiten würde, denn dann würde ich sie seltener sehen.

Ich wusste, wie empfindlich und verletzlich sie war, und deshalb war ich um einiges rücksichtsvoller und vorsichtiger als noch am Anfang unserer Beziehung.

Die Tage vergingen, ein neuer Job aber war nicht in Sicht. Langsam fühlte ich mich eingeengt. Die einzige Freude, die ich noch hatte, war

David. Mittags telefonierten wir, da Kevin zu dieser Tageszeit noch auf der Arbeit war. David war nett. Ich konnte über alles mit ihm reden. Wir lachten viel miteinander. Jeden Tag freute ich mich darüber, seine Stimme zu hören. David war mein Highlight, da in meinem realen Leben alles irgendwie zum Stillstand gekommen war. Er brachte Farbe in mein Leben.

Mit der Zeit fühlte ich mich zu Hause nicht mehr wohl, weshalb ich wieder anfing, zu kellnern. Die ersten Tage waren anstrengend, aber ich gewöhnte mich schnell wieder an die Arbeit und auch an das Trinkgeld. Endlich verdiente ich wieder mein eigenes Geld. Kevin war nicht glücklich darüber, dass ich vier Mal pro Woche abends arbeitete, aber er arrangierte sich schnell damit. David fing an, öfters anzurufen und bestand darauf, mich zu sehen. Solange ich nicht gearbeitet hatte, war es lustig und spannend, mit ihm zu telefonieren, jetzt aber wurde es mir zu viel. Ich versuchte, ihm zu erklären, dass ich wenig Zeit hatte, und dass wir uns sicher irgendwann einmal sehen würden, gab ansonsten aber eher ausweichende Antworten auf seine Anfragen nach einem Date in Real Life. Ich mochte es nicht, wenn mich jemand nervte. Ich rief ihn nicht mehr so oft an, weil ich nicht mehr so viel Zeit hatte. Er fing dann aber an, mir richtig auf die Nerven zu gehen. Wenn ich zu Hause war, schaltete ich mein Handy aus, denn David schickte ständig SMS und ich hatte keine Lust zu antworten.

Auf meiner neuen Arbeit gefiel es mir gut. Ich hatte viel Spaß, lernte neue Menschen kennen, und begegnete immer wieder meinem Ex, der diese Kneipe häufig aufsuchte. Kevin wollte unbedingt sehen, wo ich arbeitete. Das aber wollte ich nicht. Ich besichtigte schließlich auch nicht seinen Arbeitsplatz. Einmal kam er mit Rudi vorbei. Die beiden wollten etwas trinken. Ich fühlte mich unwohl, bedrängt, kontrolliert und behandelte sie wie alle anderen Gäste auch. Ich war sauer, dass sie gekommen waren. Kevin kam mir so fremd vor, ich wollte nicht, dass er so lange in dieser Kneipe herumsaß. Ich konnte nicht normal und frei arbeiten, wenn er da saß. Ich schaute ihn an und fragte mich, ob ich ihn noch liebte. Ein seltsames Gefühl. Er sah mich so naiv und verliebt an. Er ging mir auf die Nerven. Ich war sehr froh, als er und Rudi wieder gingen.

Als ich spät abends nach Hause kam, eröffnete ich ihm, dass ich es nicht mochte, wenn er mich in der Kneipe besuchte. Es war schon seltsam. Ich hatte gar kein Problem damit, wenn mein Ex in der Kneipe saß und etwas trank. Unbehagen bereitete es mir allerdings, als mein Ex an diesem Abend mit einer weiblichen Begleitung auftauchte. Er sah verdammt gut aus. Ich war eifersüchtig auf die Frau an seiner Seite. Im Laufe des Abends erklärte ich ihm, ich müsste ihm etwas unter vier Augen erzählen. Ich zog ihn in Richtung der Toiletten und küsste ihn im Vorraum. Er sagte, er hätte eine neue Freundin, ich solle das lassen. Ich hätte ihn doch verlassen, und außerdem hätte ich doch auch einen Freund. Er würde meine Spielchen nicht mehr mitspielen. Sprach's, drehte sich um und ging zurück zu seiner Freundin. Scheißkerl! Ich mochte ihn immer noch und verstand nicht, wie es sein konnte, dass er dort jetzt mit einer anderen saß. Er hatte mir immer gesagt, dass er mich liebte und nie eine andere lieben würde. Wie konnte das sein? Hatte er mich damals belogen oder führte er jetzt nur eine Scharade auf? Wollte er mir wehtun mit seiner neuen Freundin? Sie war hässlich und passte nicht zu ihm. Er würde schon noch merken, was er an mir hatte. Als er ging, schickte ich ihm eine SMS: „Schlaf gut. Hdl.“ Es kam keine Antwort. Mistkerl.

Die neue Telefonbeziehung zu David hat noch keine Flecken aus Schmutz oder Schmerz. Hier kann sie ein schönes Bild von sich zeichnen. Es ist eine andere Realität, die der Ablenkung dient. In dem Moment, als Anna wieder Arbeit bekommt und in eine neue Welt

eintaucht, wird David nervig, weil sie ihn nicht mehr braucht und er in diese neue Welt nicht mehr passt.

Als Kevin sie auf der Arbeit besucht, nervt er sie. Denn ihre Arbeitswelt und ihre Beziehungswelt passen nicht zusammen. Sie kann den Anforderungen beider Welten nicht gerecht werden, da jede Welt ihren eigenen Verhaltenskodex hat. Mit diesem Widerspruch kann Anna nicht umgehen. Vergangenes holt sie ein. Anna fühlt sich verfolgt und erstickt.

Ihre Arbeitswelt bekommt einen weiteren Riss, als sie ihren Ex mit seiner Neuen sieht. Er war immer da, und irgendwie vertraute sie darauf, aber jetzt steht er ihr nicht mehr zur Verfügung. Sie versucht, ihn zurückzuholen, aber der Versuch scheitert. Da er ihr mit diesem Verhalten Schmerzen bereitet, wertet sie ihn ab.

Kevin verändert sich für Anna immer mehr, da er mehr Rücksicht auf sie nehmen will. Er merkt nicht, dass er in eine tiefe Abhängigkeit geraten ist und dass sein Verhalten sich ihrem unterordnet. Er hat Angst sie zu verlieren, sie zu verletzten und überhaupt irgendetwas „Falsches" zu machen.

Anna fing wieder an zu arbeiten. Viermal die Woche kellnerte sie in einem Bistro. Die Abende verbrachte ich allein, denn es war spät, wenn sie nach Hause kam. Um diese Zeit schlief ich meist schon. Ich musste werktags früh aufstehen, sodass ich sie kaum noch zu Gesicht bekam. Sie war ständig müde, was ich nachvollziehen konnte, da ihr Job anstrengend war. Sex hatten wir bereits längere Zeit nicht gehabt, aber das war mir nicht mehr so wichtig. Ich war froh, dass sie wieder einen Job hatte, da sie ohne Job so unausgeglichen gewesen war. Sie kam mir bereits längere Zeit distanziert und abwesend vor. Ich bemühte mich, sie zu verstehen, aber alles, was ich aus ihr heraus bekam, lief darauf hinaus, dass sie ohne Job unzufrieden und in sich gekehrt gewesen war, und jetzt nach Feierabend war sie müde.

Eines Tages besuchte ich sie an ihrem Arbeitsplatz. Zusammen mit Rudi betrat ich die Kneipe und setzte mich an einen der Tische. Ich freute mich schon auf ihr Gesicht, wenn sie uns dann entdeckte. Als sie uns aber sah, begrüßte sie uns recht kühl. Als ich sie küssen wollte, stieß sie mich von sich. Ich fühlte mich zurückgewiesen und bloßgestellt. Zu allen anderen Gästen war sie lieb und freundlich, nur im Umgang mit mir war sie irgendwie kalt. Sie schien anders zu sein als sonst. Rudi bemerkte das auch. Als sie uns abkassierte, sagte sie trocken: „Tschüss. Schönen Abend noch!“ Der Abend hinterließ bei mir einen sehr bitteren Nachgeschmack. War es ein Fehler gewesen, dorthin zu gehen? Hatte ich mich wieder einmal falsch verhalten? Rudi spekulierte, es sei nun einmal ihre Arbeit, vielleicht sei sie anders, wenn sie arbeite. Er meinte, ich solle es nicht persönlich nehmen und mit ihr darüber reden, wenn sie am Abend nach Hause komme. Zu Hause angekommen lag ich noch lange wach in meinem Bett. Ihr kalter Gesichtsausdruck wollte mir nicht aus dem Kopf gehen. Weshalb war sie zu den anderen Gästen so nett und freundlich, wie ich sie kannte? Wieso verhielt sie sich mir gegenüber so kalt und distanziert, fast feindlich? Sie kam in der Nacht später als sonst und legte sich ganz leise ins Bett. „Hallo Schatz“, grüßte ich sie. Anstelle einer Begrüßung erwiderte sie: „Ich dachte du schläfst.“ „Ich habe auf dich gewartet“, sagte ich leise und versuchte, sie in den Arm zu nehmen. Sie drehte sich weg. Ich versuchte, sie zu küssen, aber sie stieß mich unwillig weg. „Ist alles in Ordnung?“, fragte ich. „Nein“, sagte sie, „ich bin müde und außerdem mag ich es nicht, wenn du zu meinem Arbeitsplatz kommst. Ich komme auch nicht zu dir ins Büro. Gute Nacht.“ An Schlaf war nicht zu denken. Sie war so weit weg, und das schmerzte. Ich hatte das Gefühl, dass eine Mauer zwischen uns stand, eine Wand aus unbenannter Anspannung uns trennte. Vielleicht hatte es etwas damit zu tun, dass sie sich an die neue Arbeit gewöhnen musste. Trotz allem war es jedenfalls schön, Anna in meiner Nähe zu haben, auch wenn es nicht immer einfach war. Ich malte mir aus, dass alles wieder gut werden würde, sobald sie sich erst an den neuen Job gewöhnt hätte.

Meine Gedanken schweiften ab zu unserer nächsten gemeinsamen Unternehmung. Rudi plante für nächste Woche eine Party anlässlich seines 40. Geburtstages. Anna und ich hatten vor, seiner Einladung zu folgen. Ich freute mich schon darauf, zusammen mit Anna dorthin zu gehen. Wir hatten seit Wochen nichts mehr zusammen unternommen. Anna hatte frei an diesem Tag. Mit einem Lächeln schlief ich ein.

Am nächsten Morgen hinterließ ich Anna ein Zettelchen und Pralinen auf dem Kissen, bevor ich die Wohnung verließ. Ich wollte, dass sie wusste, dass ich sie über alles liebte.

Als ich am Vormittag des nächsten Tages aus den Federn kroch, fand ich auf meinem Kissen einen Zettel und eine Pralinenschachtel. „Ich liebe dich mein Schatz“, war auf dem Zettel zu lesen. Ich runzelte die Stirn. Kevin ging mir manchmal auf die Nerven mit seinen Briefchen und Zettelchen und Botschaften. Ich war nicht angetan. Sein Dackelblick in der Kneipe hatte mir auch nicht gefallen. Ich schaltete mein Handy ein, um zu sehen, ob mein Ex geschrieben hatte. Nichts. Ich hätte meinen Ex gern gesehen, aber er hatte noch nicht einmal geantwortet. Nur David hatte mir wieder einmal zahlreiche SMS geschickt. Auch er nervte mich. Auf so etwas hatte ich keinen Bock. Ich schrieb meinem Ex eine SMS: „Melde dich bitte. Es geht mir nicht gut.“ Dann wartete ich den ganzen Tag auf eine Rückmeldung. Nichts. Als das Handy mit einem Piepston den Eingang einer SMS anzeigte, öffnete ich hastig die neue SMS. Es war ein Fehlalarm, es war nur Kevin, der mir wieder einmal „Kuss, ich liebe dich“ schrieb. Ich antwortete nicht.

Derartige SMS engten mich ein, drückten mir die Luft ab. Es ging mir in der Tat nicht gut. Nach dem Aufstehen hatte ich mich wieder hingelegt und war erst kurz vor Arbeitsbeginn aufgestanden. Auf der Arbeit war ich sehr angespannt und hatte die stille Hoffnung, dass mein Ex heute möglicherweise in die Kneipe kommen würde. Mein Chef und sogar die Gäste fragten, was los sei. Kurz angebunden erwiderte ich, ich hätte Kopfschmerzen. Mein Chef gestattete mir, früher zu gehen, was ich auch tat. Ich bin bei meinem Ex vorbei gegangen, aber sein Auto war nicht da. Ich wartete vor seiner Haustür. Er kam ganz spät und alleine. Er wunderte sich, dass ich da war. Ich umarmte ihn und gab ihm einen Kuss. Er wehrte sich, aber nicht ernsthaft. Ich küsste ihn zärtlich am Hals, denn ich wusste, dass er das mochte und auch mir im Grunde seines Herzens nicht abgeneigt war. Wir landeten in seinem Bett und hatten sehr intensiven und geilen Sex. Danach bat er mich darum, nach Hause zu gehen, denn er meinte, es sei nicht gut, wenn ich bliebe. Er sagte dann hässliche Dinge: Er sei glücklich mit seiner neuen Freundin. Dann wies er mich noch darauf hin, dass auch ich einen neuen Freund hätte. Vielen Dank, das wusste ich auch vorher. Nach einer längeren Diskussion ging ich dann nach Hause. Kevin schlief schon, als ich nach Hause kam. Das war wohl besser so. Als ich mich ins Bett legte, umfing mich eine dunkle Wolke gemischter Gefühle: Schmerz, Verlust, Gedanken über Vergänglichkeit, Trauer über die Dunkelheit der Welt, alles tat mir irgendwie leid. Ich kuschelte mich fest an Kevin an. In einer Minute hatte ich noch ein schlechtes Gewissen und dachte darüber nach, ob ich ihm unrecht tat mit meinen Zweifeln, meinen abtrünnigen Verhaltensweisen, meinen Unterstellungen bezüglich Sylvia. Aber sofort kamen die Gedanken an seine Mutter, an diese blonde, „blendend" aussehende Sylvia und an den Ausdruck seiner Augen, als er sie auf der Party betrachtet hatte, an diese E-Mail ... ich drehte mich auf die andere Seite. Unendlich viele Gedanken rasten durch meinen Kopf und füllten ihn mit Chaos.

Am nächsten Tag erwachte ich gegen 13 Uhr. Ein unbeschreibliches Trauergefühl zerriss mich von innen und war mir eine drückende Last auf den Schultern. Ich schickte Kevin eine SMS „Kuss“. Irgendwie taten mir alle leid und ich musste für sie heulen. Als Kevin antwortete „Kuss. Ild“, musste ich noch mehr weinen. Weil ich frei hatte, wartete ich auf ihn. Als er nach Hause kam, küsste und umarmte ich ihn ganz fest. Ich wollte ihn nie wieder loslassen. Wir verbrachten den ganzen Abend auf der Couch und hatten schöne, tiefgründige Gespräche. Ganz fest hielt er mich in seinen Armen und gab mir Geborgenheit. Ich weinte den ganzen Abend, weil ich so traurig war, warum auch immer. Wenn ich Kevin ansah, bekam ich Angst, dass er mich verlassen könnte. Als ich diese Befürchtung aussprach, versicherte er mir, dass dies nie der Fall sein würde. Er würde mich nie verlassen. Ich wollte das immer und immer wieder hören. Als es spät wurde, gingen wir ins Bett. Wir hatten Sex und alles war wieder gut. Ich schwor mir, nie wieder mit meinem Ex zu reden. Ich wollte nichts mehr mit ihm zu tun haben. Ich schämte mich für mich selbst. Ich wollte Kevin nicht verlieren und konnte überdies auch nicht verstehen, weshalb ich meinen Ex überhaupt jemals attraktiv und begehrenswert gefunden hatte. Das war schon wieder so weit weg, dass es gar nicht mehr real war.

Kevin befindet sich derzeit nicht im Zentrum von Annas Gedanken. Mit seinen Liebesbeteuerungen wird er von Anna nur als nervig empfunden. Er ist im Moment ausgeblendet und fern von ihr. Er passt nicht in Annas Gedanken.

Annas Ex ist präsenter, wie auch der Umstand, dass er eine Neue hat. Verlustängste treiben sie um, denn in ihrer Welt war er im Hintergrund immer noch für sie da, worauf sie sich auch verlassen konnte. Anna möchte ihn gern sehen und sich dessen versichern, dass sich hieran trotz der Neuen nichts geändert hat. Sie fühlt Schmerz. Um

sich seiner wieder zu bemächtigen und seine Existenz zu fühlen, hat sie Sex mit ihm.

Als sie für einen Moment ihre Schmerzen, ihre Scham und die Trauer zulässt, holt sie alles ein. Die Angst, den Ex zu verlieren wird ohne Übergang ersetzt durch die Angst, Kevin zu verlieren. Es kommt zur Annäherung (Sex). Das, was war, wird wieder ausgeblendet, sodass alles gut erscheint.

Kevin fühlt sich weggestoßen, als er sie auf der Arbeit besucht, aber dann sucht er wieder die Schuld bei sich. Er möchte alles richtig machen und Anna beweisen, dass er sie liebt und dass sie sich bei ihm sicher fühlen kann.

Anna kam sehr spät heim an jenem Abend. Als sie ins Bett schlüpfte, kuschelte sie sich sehr eng an mich an. Ich genoss es im Halbschlaf. Sie drehte sich allerdings schnell wieder auf die andere Seite. Ich machte mir viele Gedanken um sie in letzter Zeit, weil ich ihr Verhalten oft nicht nachvollziehen konnte. Manchmal kam sie mir vor wie ein Kind, in all ihrer Unbeholfenheit und Hilfsbedürftigkeit, und manchmal erkannte ich sie nicht mehr, weil sie mir so fremd vorkam oder so wütend war. Es gab mir zu denken. Ich hatte keine Ahnung, wie ich mit ihr umgehen sollte. Ich wollte sie nicht verletzen, und ich versuchte, Rücksicht zu nehmen, wo ich nur konnte. Meine Kollegen sprachen mich oft darauf an, dass ich nicht ganz bei der Sache zu sein schien, und es fiel mir auch schwer, mich auf meine Arbeit zu konzentrieren. Selbst mein Chef fragte mich, was mit mir los sei, ob ich Urlaub benötigen würde. Meine Gedanken kreisten nur um Anna. Die Geschichte mit dem Ex geisterte immer wieder durch meinen Kopf, und auch ihre verletzenden Worte. Sie habe mit ihm geschlafen, hatte sie gesagt. Ich konnte es nicht verstehen. Einerseits erzählte sie mir, er habe sie schlecht behandelt, andererseits aber ging sie zu ihm und verbrachte Zeit mit ihm, wer weiß, mit welchen Aktivitäten. Es war mir sogar schon durch den Kopf geschossen, ihn aufzusuchen und ihn aufzufordern, sie in Ruhe zu lassen. Ich erteilte jedoch dieser Idee sehr schnell eine Absage, weil ich nicht wollte, dass Anna wieder dachte, ich würde sie kontrollieren. Ihre Stimmungen und Launen waren unvorhersehbar. Weil ich nie wusste, weshalb sie wie reagierte, zweifelte ich immer wieder an mir und machte mir selbst Vorwürfe. Aber ich liebte diese Frau, und ich würde ihr das beweisen und ich würde ihr auch eines Tages vermitteln können, dass sie mir wirklich vertrauen konnte. Als sie sich so eng an mich kuschelte, war ich sehr glücklich. Ich mochte ihre Nähe, nur war sie mir in der letzten Zeit so fremd und distanziert entgegengetreten. Ich nahm an, es hatte mit dem neuen Job und der Situation insgesamt zu tun. Sie hatte Schlimmes erfahren, und ich versuchte, im Rahmen meiner Möglichkeiten, ihre hierdurch möglicherweise anders ausfallenden Reaktionen zu verstehen und zu akzeptieren. Manchmal hatte ich Angst, etwas zu sagen, da ich nie wusste, wie sie reagieren würde. Ich hatte mir abgewöhnt, Fragen zu stellen, weil ich vermeiden wollte, dass sie sich bedrängt oder verletzt fühlte.

Als ich morgens aufstand, blieb Anna im Bett. Ich sah ihr schlafendes Gesicht an und fühlte, wie ich mich wieder neu verliebte, wie jedes Mal, wenn ich sie ansah. Ein Engelsgesicht. Eine wunderschöne Frau. Ich freute mich sehr über ihre SMS „Kuss“ am Mittag. Früher hatten wir so oft kleine Liebesbekundungen hin und her geschickt. In letzter Zeit waren sie von Annas Seite aus rar geworden. Das hatte mich hin und wieder traurig gemacht, vor allem, wenn ich ihr schrieb und keine Antwort erhielt. An jenem Tag war sie wieder anders.

Sie küsste und umarmte mich, als ich die Wohnungstür öffnete. Ich sah, dass sie geweint haben musste und fragte sie, was los war. Sie hielt mich ganz fest und flüsterte leise: „Ich habe Angst, dass du gehst.“ Ich küsste sie und wiederholte einige Male, dass ich sie nicht verlassen würde. Anna weinte. Ich fragte, ob sie reden wolle. Unter Tränen erklärte sie: „Ich will dich nicht verlieren, Kevin. Alle meine Männer waren wie mein Vater. Ich kann mich erinnern, dass er oft getrunken hat. Er hat dann auch oft meine Mutter geschlagen. Als er gegangen ist, hat meine Mutter nur noch mit mir geschimpft." Annas Gesichtsausdruck war traurig, Tränen liefen über ihr Gesicht. Es brach aus ihr heraus: „Ich wollte nie so sein wie meine Mutter. Alle ihre Männer sind so schlimm wie mein Vater gewesen. Ich wollte nie einen Mann wie meinen Vater haben, und doch habe ich immer solche Typen angezogen. Du bist anders, Kevin. Versprich mir, dass du mich nie verlassen wirst." Das ging mir nahe, auch mir standen Tränen in den Augen. In mir erwachte der Beschützerinstinkt. Ich war sauer auf die Menschen, die Anna so wehgetan hatten. Ich beteuerte ihr, wie sehr ich sie liebte, und dass ich sie nicht verlassen würde. Sie hörte nicht mehr auf zu reden. „Manchmal denke ich, dass ich nicht gut genug für dich bin. Manchmal hasse ich mich, und dann denke ich, auch du würdest mich hassen. Aber ich werde alles geben, um dich nicht zu verlieren." Sie sank auf die Knie. „Liebst du mich?", wollte sie erneut wissen. Ich sagte ihr laut und deutlich, dass ich sie liebe und fragte, wie sie daran zweifeln könne. „Du kommst mir in letzter Zeit distanziert und desinteressiert vor. Früher hast du immer gefragt, wohin ich gegangen bin und liebe SMS gesendet. Es ist so wenig geworden. Das macht mir Angst. Ich hab' gedacht, du willst mich vielleicht loswerden." Ich kniete vor ihr und nahm ihr Gesicht in die Hände, versuchte, sie zu umarmen. „Warst du deshalb bei deinem Ex?", fragte ich. So lange hatte ich mir diese Frage verkniffen. Sie erwiderte: „Er hat mich ständig angerufen und ich hatte noch ein paar Sachen bei ihm. Ich will nichts von ihm. Nie mehr. Ich liebe nur dich, Kevin. Ich will diesen Typen nie mehr sehen." Das beruhigte mich ein wenig, aber ihre Worte blieben in meinem Kopf. Ich wollte das Thema aber nicht vertiefen. Sie wirkte wieder wie ein kleines Mädchen, angstvoll und traurig. Vielleicht hatte sie sich wirklich von mir vernachlässigt gefühlt. Immerhin hatte ich sie in letzter Zeit aus Angst vor ihren Reaktionen in Ruhe gelassen. Das bedeutete natürlich auch weniger Aufmerksamkeit. Vielleicht war ich schuld.

Etwas später gingen wir ins Bett. Sie zog sich aus und schmiegte sich an mich. Wir waren uns sehr vertraut, es war sehr innig. Wir verschmolzen, waren einander so nah, wie zwei Lebewesen es nur sein können. Ich war mir so sicher, dass ich Anna nie wieder loslassen wollte, und ich sagte es ihr, immer und immer wieder. Sie flüsterte leise: „Ich will keinen Schmerz mehr, um mich lebendig fühlen zu können." Verstehen konnte ich diesen Satz nicht, wollte aber nicht nachfragen, da sie ohnehin bereits so viel an jenem Tag über sich geredet hatte und mir sehr verletzbar schien. Da war sie wieder, meine Anna. Obwohl die Situation so traurig war, spürte ich Annas Nähe wieder sehr stark und genoss sie.

Ich vertraute darauf, dass es ab jetzt besser laufen würde und dass wir wieder wie früher spontan und unbeschwert miteinander umgehen könnten. Das hatte mir so gefehlt. Aus Angst, sie zu verletzen, hatte ich meine Spontaneität beinahe ganz verloren, aber jetzt hatte ich ein gutes Gefühl. Anna war wieder da. Bei mir.

Als ich am nächsten Morgen ins Büro kam, merkten alle, dass es mir gut ging. Ich wunderte mich, weshalb ich ein so offenes Buch für meine Kollegen war. Ich war bis dato davon ausgegangen, dass ich mich gut unter Kontrolle hatte. Wirklich wichtig war das allerdings nicht, wichtig war, dass Anna wieder ganz bei mir war. Ich würde ihr immer und immer wieder beweisen, dass ich sie liebte und sie nie verlassen würde. Ich nahm mir vor, ihr mehr Aufmerksamkeit zu widmen und schrieb auch gleich eine SMS: „Ich liebe dich und werde dich immer lieben." Es kam nur ein Smiley zurück. Immerhin.

Als ich wach wurde, ließ ich meinem Ex per SMS wissen: „Ruf mich nie mehr an. Ich will nichts mehr mit dir zu tun haben. Nie mehr. Sei glücklich mit deiner Neuen. Lebe wohl.“ Dann bekam ich eine SMS von Kevin, was mich freute. Ich freute mich auch auf die Party von Rudi. Gleichzeitig hatte ich Angst, die Blonde könnte wieder da sein. Merkwürdigerweise liebte ich Kevin noch mehr, wenn ich an diese blonde Frau dachte. Gleichzeitig hasste ich ihn aber auch mehr. Wieso brauchte ich immer diesen verdammten Schmerz? Mein Ex hatte mir das gesagt. Er hatte gesagt, ich bräuchte den Schmerz, um mich lebendig zu fühlen. Er hatte so viel gesagt. Ich brauchte keinen Schmerz, ich wollte auch keinen Schmerz mehr in meinem Leben. Und mit Kevin würde es funktionieren, ich würde mit ihm glücklich sein, ohne Schmerzen. Mein Ex hatte gesagt, dass ich Männer lieben würde, wenn sie mir Schmerz zufügten. Er tickte wohl nicht richtig. Das stimmte so nicht. Es war eine gute Entscheidung von mir, ihn zu verlassen. Er hatte mich betrogen und einmal geschlagen. Kevin würde so etwas nie tun. Er war so lieb zu mir und ich gewann immer mehr den Eindruck, dass er mich tatsächlich und aufrichtig liebte.

Ich rief Marianne an, um ihr mitzuteilen, dass ich mich mit Kevin ausgesprochen hatte und nun endlich wieder glücklich war. Sie fragte nach meinem Ex. Ich erwiderte, ich wolle nichts mehr von ihm hören. Sie wies darauf hin, dass sie das bereits ein paar Mal von mir gehört hätte, worauf ich auflegte. Ich wurde das Gefühl nicht los, dass sie mir mein Glück nicht gönnte. Manchmal waren Gespräche mit ihr unglaublich nervenaufreibend, sie legte dann jedes Wort auf die Goldwaage und kritisierte an allem herum. Ich hasste das. Sie hatte auch Kevin erzählt, dass ich bei meinem Ex gewesen war. War das Freundschaft? Manchmal war sie komisch. Sie rief dann wieder an, aber ich nahm den Hörer nicht ab. Auf derartige Diskussionen hatte ich keine Lust. Sie musste immer Recht haben.

Mein Handy piepste. Es war David. Er wollte wissen, wie es mir ging und weshalb ich nicht mehr online war. Ich hatte keine Lust zu antworten und schrieb nur: „Lass mich in Ruhe." Sie sollten mich alle in Ruhe lassen. Echt. Ich hatte den Eindruck, dass sie mich alle nicht verstanden.

Ich rief Sabine im Büro an, aber sie erklärte, sie habe zu tun und keine Zeit zu telefonieren. Sie war auch manchmal komisch. Ich fühlte mich einsam. Keiner wollte mit mir reden. Sabine hatte versprochen, sich zu melden. Jetzt, als ich anrief, hatte sie keine Zeit. Wenn sie keine Lust hatte, hätte sie mir das doch sagen können.

Ich tippte eine SMS an Kevin: „Kuss". Unmittelbar bekam ich eine SMS mit gleichem Inhalt zurück. Das beruhigte mich. Ich fühlte mich so leer und alleine. Ich legte mich wieder hin, aber das Gefühl, ganz alleine in dieser Welt zu stehen, ging nicht weg. Ich schrieb Kevin, dass ich ihn vermisste. Ich vermisste ihn sehr, wollte ihn bei mir haben. Ich war so unglaublich einsam und allein. Als er nicht gleich antwortete, schossen Zweifel durch meine Gedanken. Wo war er? Was machte er? Telefonierte er mit Sylvia? Nach einer halben Stunde hatte ich immer noch keine Antwort. Ich hatte Angst, mir war kalt, ich hätte am liebsten geheult. Ich zitterte am ganzen Körper. „Wo bist du?" hakte ich nach. Wieder keine Antwort. Mein Kopfkino fing an. Ich sah ihn und sie, ich sah Szenen, wie sie sich anschauten, sich berührten, nah beieinander waren, vertraut, miteinander schliefen. „Kevin melde dich bitte", schrieb ich in meiner Not. Wieder nichts. Ich war kurz davor, bei ihm im Büro vorbei zu gehen und zu schauen, ob er wirklich da war, als mein Handy klingelte. Es war Kevin. „Ich hatte ein Meeting und habe das Handy im Büro gelassen", beruhigte er mich, aber meine Zweifel wichen nur teilweise. Ich fragte, wann er nach Hause käme und ob ich ihn sehen würde, bevor ich die Wohnung zwecks der Arbeit verließ. Er erwiderte, es könne länger werden, das Meeting werde gleich fortgesetzt. Ich antwortete knapp „O. k." und legte auf.

Auf dem Weg in die Kneipe kam ich an dem Bürogebäude vorbei, in welchem Kevin arbeitete. Sein Auto stand dort, was mich etwas beruhigte. Innerlich war ich immer noch angespannt und fühlte mich nicht danach, arbeiten zu gehen. Auf der Arbeit sagten sie mir alle, ich würde böse schauen. Was mit mir los wäre. Häh? Ich schaute nicht böse! Manchmal fühlte ich mich, als sei ich im falschen Film. Das fühlte ich heute auch schon den ganzen Tag. Ich war fehl am Platz in dieser Welt. Die Arbeit machte mir keinen Spaß und manche Gäste sagten, ich wäre heute unfreundlich und wirke arrogant. Das war nicht wahr. Ich war weder arrogant noch unfreundlich. Was wollten die alle von mir? Ich war froh, als dieser Arbeitstag hinter mir lag.

Als ich nach Hause kam, schlief Kevin bereits. Ich hätte ihn gern geweckt, weil ich mich so alleine fühlte. Dann aber bemächtigten sich die Zweifel wieder meiner Gedanken. Wieso kam er später von der Arbeit? War das ein echtes Meeting gewesen? Ich wusste nicht mehr, was ich glauben sollte. Weil ich nicht schlafen konnte, setzte ich mich an Kevins Rechner. Als ich seine Mails prüfen wollte, kam ich nicht ran. Das machte mich stutzig. Früher konnte ich seine Mails lesen, jetzt nicht mehr? Hatte er etwas zu verbergen? Es musste so sein, sonst hätte er das Passwort nicht geändert. Das schmerzte.

Ich meldete mich dann in einer Single-Börse an. Die Frage, was mich ritt, das zu tun, hätte ich mir selbst nicht beantworten können. Ich fühlte mich allein und verlassen. Es war spät. Ich konnte niemanden anrufen. Mit irgendjemandem musste ich ja kommunizieren, denn der Gedanke, dass Kevin mich verlassen könnte, zerriss mich. Fragen quälten mich. Ich erstellte ein Profil und stöberte ein bisschen. Jemand schrieb: „Hallo, wie geht's?" Ohne zu überlegen, antwortete ich. „Hallo, mir geht es nicht so gut. Ich kann nicht schlafen und habe mich deshalb hier angemeldet." So kam ich mit einem, trotz der wenig originellen Ansprache, netten Mann ins Gespräch. Er sah gut aus und war sehr nett zu mir. So chattete ich zwei Stunden mit ihm. Sein Name war Bert. Er wohnte 100 km von mir entfernt, hatte ein Restaurant und fühlte sich sehr einsam. Wir hatten viele Gemeinsamkeiten. Seine Frau hatte ihn betrogen und verlassen. Ich erzählte ihm alles, erklärte ihm meine Zweifel Kevin betreffend und meine Zerrissenheit und Sehnsucht nach Geborgenheit und Halt. Gegen fünf Uhr morgens ging ich ins Bett, ganz versunken in Gedanken an das nette Gespräch mit Bert. Er war ein sehr netter Mensch, einer, der mich verstand.

Anna schickt dem Ex eine Abschluss-SMS, möchte einen Schlusspunkt setzen, obwohl er ihn schon längst gesetzt hat.

Als Marianne Anna mit ihrem Verhalten konfrontiert, wertet sie Marianne ab, um sich nicht mit sich selbst und ihren Handlungen auseinandersetzen zu müssen. Sie rennt vor jeglicher Verantwortung und den Konsequenzen ihres Handelns weg.
Kevin ist wieder „weiß" und wird idealisiert. Gleichzeitig hasst sie ihn. So pendelt sie zwischen den beiden Zuständen des Hasses und der Liebe hin und her, immer schneller. Hinzu kommen Ängste, weil Kevin nicht sofort von sich hören lässt. Verlustängste führen zu Existenzängsten. Das alles wird irgendwann zu viel, woraufhin sie versucht, in eine andere Realität zu flüchten, um dort einen Halt zu bekommen. Der Kontakt mit Bert in der Singlebörse lindert ihre Angst für den Moment und besänftigt das krasse Hin und Her der Emotionen durch Ablenkung.

In Kevins Kopf dreht sich alles um Anna. Er vernachlässigt alles andere für einen schönen Moment mit ihr. Er ist abhängig von ihren

Stimmungen und überglücklich, wenn sie ihm das anfängliche Gefühl der Liebe übermittelt.

Ich schlief sehr fest in dieser Nacht, sodass ich es nicht hörte, als Anna nach Hause kam. Ich hinterließ ihr ein Briefchen auf dem Tisch, worin ich ihr mitteilte, dass ich den ganzen Tag über Präsentationen hatte und das Handy im Büro lassen musste. Ich wollte nicht, dass sie sich Sorgen machte, wenn ich mich nicht meldete oder wenn ich nicht gleich antwortete. Ich fügte hinzu, es könne später werden. Ich würde sie heute auf jeden Fall sehen, da sie heute frei hatte. So konnten wir auf jeden Fall noch einen schönen Abend miteinander verbringen. Als ich sie in der Pause anrief, ging sie nicht ans Telefon. Sie hatte sich schon den ganzen Tag nicht gemeldet. Es war möglich, dass sie am Vorabend sehr spät nach Hause gekommen war und jetzt schlief, deshalb machte ich mir keine weiteren Gedanken.

Als ich nach Hause kam, saß Anna am Rechner und hörte Musik. Als ich sie küssen wollte, drehte sie den Kopf zur Seite. Ich fragte, was los sei. Sie antwortete abweisend: „Nichts, was soll los sein?" Ich spürte eine Spannung, die mir nicht behagte. Was hatte sie schon wieder? Ich fragte sie noch einmal, ob alles in Ordnung sei. Ihre Antwort war kalt und distanziert. „Ja es ist alles in Ordnung. Lass mich bitte, ich muss nach einer Arbeit suchen." Die Anspannung zwischen uns war beinahe mit den Händen greifbar. Sie war sehr distanziert und kalt. Hatte ich wieder etwas Falsches gesagt oder getan? Selbstzweifel nagten an mir. Ich fragte sie, ob sie etwas essen wollte, sie schüttelte den Kopf und erwiderte, sie habe keinen Hunger. Sie war sehr ruhig, wirkte sehr beherrscht. Ich machte mir in der Küche einen Snack und sprach sie danach noch einmal an. „Ist wirklich alles in Ordnung, Anna?" Sie wirkte genervt. „Wieso fragst du mich ständig? Hast du ein schlechtes Gewissen, oder warum fragst du permanent, ob alles in Ordnung ist?"

Was sie mir damit sagen wollte, entzog sich meinem Verständnis. Ich erklärte: „Ich bin müde. Ich leg mich hin. Wenn du reden magst oder wenn etwas ist, sag mir Bescheid.“ Sie ignorierte dieses Angebot und erwiderte trocken: „Gute Nacht, Kevin.“ Sie blieb am Rechner sitzen, hörte weiter Musik und suchte nach einer Stelle. Ich legte mich hin und konnte nicht schlafen, obwohl ich sehr müde war. Ich machte mir Gedanken über Anna und wartete darauf, dass sie ins Bett kommen würde. Sie kam nicht. Als ich morgens aufwachte, fand ich sie auf der Couch, wo sie im Tiefschlaf lag. Ab und zu hatte sie bereits dort übernachtet, wenn wir gestritten hatten. Dieses Mal aber hatte ich keinen Anhaltspunkt dafür, was los sein könnte, ich wusste auch nicht, was ich getan haben könnte. Ich fuhr angespannt und ganz in Gedanken an Anna versunken zur Arbeit.

Mein Chef sprach mich darauf an, dass ich angespannt wirken würde. Ich meinte, das könne nur an der Präsentation liegen und hoffte innerlich, dass mir diese heute gut gelingen würde. Mein Chef teilte mir mit, dass wir die Präsentation in einen größeren Saal verlegen müssten, da noch zwei weitere Firmen, die an dem Projekt interessiert waren, dabei sein wollten. So fuhren wir in eine Filiale, in der ein größerer Raum zur Verfügung stand. Als wir mit den Vorbereitungen fertig waren, nutzte ich eine kurze Pause und versuchte Anna zu erreichen. Sie ging nicht ans Telefon. Vielleicht schlief sie noch. Es konnte sein, dass sie gestern erst später eingeschlafen war. Ich musste mich auf die Präsentation konzentrieren, deshalb fokussierte ich meine Gedanken auf das Projekt und aktivierte alle Kräfte in mir. Es war sehr wichtig für meine Firma, neue Kunden zu gewinnen. Hier und heute hing so viel von mir ab, die Vorführung würde einen großen Einfluss auf unsere weitere Strategie und unsere Position im Feld der Wettbewerber haben.

Als ich morgens aufwachte, fand ich einen Zettel von Kevin auf dem Tisch. Er schrieb, er sei wegen eines Meetings nicht zu erreichen und komme später. Ich wusste es! Sicherlich hatte er eine andere und mir erzählte er, dass er ein Meeting hatte. Er traf sich wohl gerade mit der blonden Sylvia und war deshalb nicht zu erreichen. Deshalb hatte er auch sein Passwort geändert. Es passte alles und ergab Sinn. Kevin belog und betrog mich! Ich war mir sicher, dass er eine andere hatte, mir aber nichts davon verraten wollte. Mittags rief er an. Ich starrte auf das Display des Handys, aber ich war wie gelähmt. Irgendwann hörte es auf zu klingeln. Verarschen konnte ich mich selbst. Wieso rief er an, wenn er doch eine Präsentation hatte? Schuldgefühle? Es war so sonnenklar, er musste ein schlechtes Gewissen haben. Jemand, der etwas zu verbergen hat, würde ständig anrufen und nett sein. Und ich wollte ihm vertrauen! Ich kann niemandem trauen, das war mein ganzes Leben lang so und würde immer so bleiben.

Ich schaltete den Rechner ein. Eine Nachricht von Bert erwartete mich bereits. „Hallo Sweety. Hast du gut geschlafen? Das Gespräch mit dir gestern Abend hat mir sehr gut getan. Ich habe das Gefühl, du verstehst mich und wir sind uns sehr ähnlich. Schön, dass es dich gibt. Liebe Grüße, Bert." Ich freute mich, als ich diese schönen Worte las, und antwortete sofort. So chatteten wir wieder eine Stunde. Da er anrufen wollte, gab ich ihm meine Handynummer. Er rief sofort an. Seine Stimme war wohlklingend und männlich. Ich genoss es, mit Bert zu reden, da ich das Gefühl hatte, dass wir uns sehr ähnlich waren. Er schickte mir weitere Bilder. Wow! Gut aussehend, einfühlsam, verständnisvoll, selbstständig. Wie hatte seine Exfrau so dumm sein können, solch einen Mann zu verlassen? Wir verstanden uns auf Anhieb. Ich teilte meine Zweifel betreffend Kevin mit ihm. Es tat so gut, dass er verstand. Schon, als wir auflegten, begann er mir zu fehlen. Er schrieb noch: „Es gibt keine Zufälle. Es fühlt sich gut an." Ich las diese SMS mehrmals. Es tat gut.

Die Blondine spukte wieder durch meinen Kopf, und wie Kevin und sie sich angesehen hatten. Diese Mail. Das geänderte Passwort. Es war so offensichtlich, dass da etwas nicht stimmte. Es war so offensichtlich, dass Kevin etwas vor mir versteckte. Zorn stieg in mir auf. Ich begab mich zu Kevins Büro, wollte sehen, ob sein Auto dort stand. Es war weg. In mir breitete sich ein tiefer Schmerz aus. Lügner! Wie konnte er mir das antun? Ich rief ihn an, unzählige Male. Keine Antwort. Nichts. Ich stand vor dem Haus, in dem sich sein Büro befand. Ich konnte keinen klaren Gedanken fassen, mein Magen schmerzte vor Entsetzen. Sein Auto war nicht da und er ging nicht ans Telefon. Es war so eindeutig, wie es nur sein konnte. Er hatte eine andere. Ich rief Bert an und erzählte heulend, was passiert war. Er beruhigte mich. Zum Glück war wenigstens er da.

Ich ging zur Arbeit, innerlich zerrissen und voller Schmerz und Wut. Ich schrieb Kevin eine SMS: „Verarschen kann ich mich selbst." Sehr viel später erst kam eine SMS von Kevin. „Anna, was ist los?" Ich konnte mich nicht mehr zurückhalten. „Du lügst mich ständig an. Geh zu ihr, wenn du willst. Ich lass mich nicht mehr belügen. Denkst du wirklich, ich bin so dumm?" Dann schaltete ich mein Handy aus und versuchte, weiter zu arbeiten. Es fiel mir schwer. Ich war gereizt und konnte die Leute um mich kaum ertragen.

Als ich nachts nach Hause kam, wartete Kevin bereits auf mich. Er saß im Wohnzimmer. Als ich den Raum betrat, stand er auf, sah mich mit einem merkwürdigen Gesichtsausdruck an und sagte: „Anna, was ist los?" Ich eröffnete ihm, dass ich wusste, was ablief, dass ich vor seinem Büro war, sein Auto dort aber nicht stand und dass ich keine Lust mehr auf seine Lügen hatte. Er versuchte es mit billigen Ausreden, redete davon, sie hätten in eine andere Filiale ausweichen müssen, um einen größeren Raum zur Verfügung zu haben, bla, bla, bla. Ich glaubte ihm kein Wort. Er packte mich an der Schulter. Ich stieß ihn weg. Er kam wieder und wollte weiter reden, aber ich wollte nichts mehr hören. Ich schrie ihn an, er solle mich in Ruhe lassen und andere belügen, aber mich nicht mehr. Ich wollte gehen, die Wohnung verlassen, er aber hielt mich fest. Als er mich küsste, zerbrach mein Widerstand. Wir landeten im Bett. Ich hasste und liebte ihn gleichzeitig. Es war rau, fast grob, und irgendwie gefiel es mir. Kevin fühlte sich an wie ein richtiger Mann. Immer wenn wir stritten, hatten wir guten Sex. Immer wenn er mir wehtat, machte Sex Spaß. Als es vorbei war, sagte er leise: „Anna, ich liebe dich, ich habe nicht gelogen und ich würde dir nie wehtun! Frag meinen Chef, wenn du mir nicht glaubst! Es war wirklich so, wie ich es gesagt habe. Es geht um ein wichtiges Projekt und neue Kunden. Bitte vertrau mir und glaub mir, was ich dir sage. Bitte Anna." In dem Moment konnte ich ihm glauben und äußerte, dass es o. k. war. Ich hätte gerne noch einmal mit ihm geschlafen, denn dieser Sex, gemischt mit Wut, Aggression und Schmerz hatte mir gut gefallen. War das normal? Nun, jeder hatte seine Vorlieben, und ich mochte es sehr, wenn Kevin mir zornig und leicht aggressiv gegenübertrat. Das hatte etwas Animalisches an sich, in diesen Momenten wurde Kevin richtig männlich, sexy und begehrenswert. So begehrte ich ihn. Unser Sex war atemberaubend, wenn er so drauf war. Ich schlief in seinen Armen ein, den Kopf voller Gedanken an diese Nacht und den wilden Sex, den wir hatten.

Annas Verlustängste werden wieder stärker. Sie zweifelt an Kevin und spioniert ihm nach. Ihre Ängste „puzzeln" ein so perfektes Bild zusammen, dass sie an den vermeintlich von Kevin verübten Betrug glauben muss. Unbewusst projiziert sie ihre eigene Schuld auf Kevin. Kevin ist „schwarz" in ihrer schwarz-weißen Welt.

Den Schmerz, den Zorn und die Enttäuschung will sie nicht fühlen, weshalb sie Ablenkung bei Bert sucht.

Ihre Haltung ist dabei ambivalent. Das Bild des sie betrügenden Kevin verletzt sie nicht nur, es macht ihn auch interessant. Sie braucht den Schmerz, ohne es zu wissen. So genießt sie den Sex mit dem illusionären, sie verletzenden Kevin, worauf er von ihr aufgewertet wird.

Ihre eigene Schuld ist hinter diesem Treiben im Unsichtbaren geblieben. Die Projektion hat insoweit funktioniert.

Kevin ist verunsichert durch Annas ambivalentes Verhalten. Er spürt die Spannung und er fühlt, dass irgendwas nicht stimmig ist. Er grübelt und kann nicht schlafen. Er kann sich nicht auf seine Arbeit konzentrieren, denn seine Gedanken kreisen nur um Anna.

Die Präsentation lief gut, auch wenn ich sehr angespannt war. Wir hatten zwei kleine Pausen, in denen wir uns wegen des weiteren Vorgehens berieten.
Es hatte länger gedauert als geplant, aber alles in allem lief es gut. Ich war erschöpft, aber immer noch angespannt. Als ich auf mein Handy blickte, sah ich mehrere verpasste Anrufe in Abwesenheit von Anna und eine merkwürdige, böse SMS: „Verarschen kann ich mich selbst.“ Ich schrieb sofort zurück. „Was ist los, Anna?“ Telefonieren konnte ich nicht, da wir ja immer noch über die Präsentation diskutierten. Annas Antwort haute mich um. „Du lügst mich ständig an. Geh zu ihr, wenn du willst. Ich lass mich nicht mehr belügen. Denkst du wirklich, ich bin so dumm?“ Ich entschuldigte mich bei meinen Kollegen und verließ den Raum, um Anna kurz anzurufen. Ihr Telefon war aus. Als ich zurückkam, sahen meine Kollegen mich wieder mit diesem merkwürdigen Blick an und fragten, was los sei. Ich blockte die Frage ab. „Nichts“, antwortete ich und wechselte das Thema, da ich nicht wollte, dass jeder wusste, was los war. Meine Heimfahrt war überschattet von

der Ungewissheit, was mich wohl zu Hause erwarten würde. Sie war nicht zu Hause, war arbeiten. Obwohl ich übermüdet war, wollte ich auf sie warten. Anna machte mich wahnsinnig. Ich liebte sie über alles, wusste aber nicht mehr, was ich noch tun sollte. Ich öffnete eine Flasche Wein und trank ein paar Gläser. Als sie heimkam, fragte ich sie, was los war und sie fing an, mich anzuschreien, ich würde sie belügen und betrügen. Sie wisse, dass ich nicht in der Firma gewesen sei, denn sie habe mein Auto dort nicht gesehen. Sie war völlig hysterisch und ließ mich nicht zu Wort kommen. Ich wurde auch wütend. Ich hatte nichts gemacht. Warum spionierte sie mir in der Arbeit hinterher? Ich packte sie an der Schulter und verlangte, dass sie mir zuhören sollte. Sie stieß mich weg, was mich noch zorniger stimmte. Der Wein, die Anspannung, die Müdigkeit, alles wirkte zusammen und trug dazu bei, dass ich mich schlechter im Griff hatte und wütend wurde. Das passierte mir sonst sehr selten. Sie wollte dann wegrennen, aber dieses Mal hielt ich sie fest, um mit ihr zu reden. Sie schrie weiter. Ich weiß nicht, was mich in dem Moment dazu veranlasste, aber ich musste sie küssen. Ich zog sie gegen ihren Willen an mich heran und fing an, sie leidenschaftlich zu küssen. So landeten wir im Bett. Ich riss ihr die Kleidung förmlich vom Leib, bevor ich in sie eindrang. Ich wurde das Gefühl nicht los, dass sie es genoss, wenn ich sie ein wenig härter anfasste, auch wenn sie das bisher immer abgestritten hatte. Sonst war ich eher zärtlich und sanft, aber an diesem Abend hatte ich einen Punkt erreicht, an dem ich beinahe selbst Angst vor mir bekam. Die letzten beiden Tage war ich äußerst angespannt gewesen wegen der Präsentation, und die Angriffe von Anna hinterließen ihre Spuren, sie hatte mich bis zum Anschlag gereizt. An diesem Abend platzte all das aus mir heraus. Ich war mir selbst fremd. Nachdem wir diesen heftigen Sex hatten, erklärte ich ihr, was los war und weshalb mein Auto nicht vor der Firma stand, als sie es gesucht hatte. Sie beruhigte sich und schlief in meinen Armen ein. Ich folgte ihr schnell, denn die letzten zwei Tage forderten ihren Tribut.

Heute war Rudis Party. Er feierte seinen 40. Geburtstag und wollte es richtig krachen lassen. Ich war mich nicht besonders nach Party zumute, aber ich wollte dennoch hingehen. Schließlich hatte ich zugesagt. Kevin versprach mir, früher mit mir zu gehen, falls es nicht so toll werden würde. Er war auch nicht so gut drauf und recht müde, denn letzte Woche hatte er viel in der Firma zu tun gehabt. Er hätte sich auch lieber einen ruhigen, entspannten Abend zu Hause gemacht, aber Rudi war sein bester Freund. Es kam nicht infrage, dass er der Party fernblieb.

Kevin legte sich nachmittags noch einmal hin. Ich schlüpfte währenddessen in verschiedene Outfits. Was sollte ich anziehen? Ich fühlte mich fett und hässlich und verlor beinahe die Nerven, als ich eine Hose anprobierte. Ich hätte schreien können! Mein Körper gefiel mir nicht, ich war unförmig und dick, die Proportionen stimmten nicht, meine Haut war weiß und sah aus wie die Haut einer frisch gerupften Gans. Dennoch: Wenn die Blondine auf der Party auftauchte, wollte ich glänzen, sie ausstechen! Ich fand nichts, was mir gefiel und in dem ich mich gleichzeitig wohlfühlte. Ich rief Marianne an, um sie zu fragen, ob sie mir etwas ausleihen könnte. Sie hatte immer schöne, ausgefallene Kleidungsstücke. Marianne zeigte sich hilfsbereit, woraufhin ich mich zu ihr begab. Ich fand einen kurzen Rock und ein ganz enges schwarzes Top. Dazu wollte ich Stiefel anziehen. Der Rock war gut, weil man damit Fett an den Hüften kaschieren konnte. Ich eilte wieder nach Hause und weckte Kevin. Gegen 20 Uhr begaben wir uns auf die Party.

Als wir ankamen, waren erst wenige Leute anwesend. Ich kam mir so deplaziert vor, so fremd. Ich fühlte mich wie im falschen Film. Wenn ich an mir herunter sah, fühlte ich mich klein und hässlich. Erst nachdem ich ein paar Gläser Wein getrunken hatte, fing ich an, mich besser zu fühlen. Kevin war ständig an meiner Seite. Auch wenn er sich mit anderen Leuten unterhielt, so hielt er doch die ganze Zeit meine Hand.

Dann erschien sie. Die schöne Sylvia mit ihren blonden Haaren und ihrer perfekten Figur. Kevin begrüßte sie nur kurz und führte sein Gespräch mit einem Freund fort. Sie schaute komisch und unterhielt sich dann lange mit Rudi. In mir machte sich eine Anspannung breit, da ich merkte, wie sie ständig in unsere Richtung blickte. Ich hielt Kevin fest, ließ seine Hand nicht los, und beobachtete, wo er hinschaute. Mir fiel auf, dass er sie ein paar Mal ansah. Sie kam dann wieder zu uns und wollte sich mit Kevin unterhalten. Er verhielt sich ihr gegenüber anders als beim letzten Mal. Zweifel beschlichen mich. Versteckten sie etwas? Führten sie hier ein Schauspiel auf, um mich davon zu überzeugen, dass nichts zwischen ihnen war? Wieso war er ihr gegenüber anders als beim letzten Mal? Langsam glaubte ich, dass da wirklich etwas lief und sie versuchten, es zu verheimlichen. Ich hielt Kevin immer noch fest. Er gab mir hin und wieder ein Küsschen. Wieso machte er das? Küsste er mich, um seine Affäre mit Sylvia zu verdecken?

Ich trank eine Flasche Wein und später am Abend fing ich an zu tanzen. Es waren viele Menschen da, die Musik war schön, laut und wild. Ich tanzte hingebungsvoll, hatte aber die ganze Zeit ein Auge darauf, was Kevin machte. Und dann sah ich etwas, was mein Inneres erstarren ließ. Sylvia nahm Kevin an der Hand und zog ihn an die Bar. So vertraut. Sie unterhielten sich, während er die ganze Zeit in meine Richtung blickte. Ich tanzte trotz seiner Blicke weiter, tat, als machte mir sein Verhalten nichts aus. Innerlich zerfetzte es mich, dass sich Kevin alleine mit Sylvia unterhielt. Wieso sah er ständig in meine Richtung? Ich trank, tanzte weiter und beschloss, Kevin auch wehzutun. Ich tanzte eng mit einem jungen Mann, der dort auf der Tanzfläche war. Kevin unterhielt sich weiterhin mit Sylvia. Es machte mich wahnsinnig. Am liebsten hätte ich den Typ vor mir geküsst, aber dann ließ ich es doch sein. Ich suchte Kevin und sah ihn auf einmal im Gespräch mit einer anderen Frau, Sylvia neben ihm. Rudi trat neben mich und fragte, ob ich die Party genießen würde. Hilfe suchend wandte ich mich an Rudi und fragte ihn danach, wer diese Frau war. Er erklärte mir, dass es eine alte Schulfreundin von ihm und Kevin sei, die sie sehr lange nicht gesehen hätten. Das alles war zu viel für mich. Ich ging zu Kevin, zerrte ihn an die Seite und erklärte ihm, ich wollte jetzt sofort nach Hause gehen. Er sagte, ich solle kurz warten, denn er habe Rita sehr lange nicht gesehen. Er stellte mir Rita vor, und diese blöde Schlampe sagte doch tatsächlich, Kevin sei ihre erste Liebe gewesen, vor 25 Jahren. Alles fing an, sich um mich zu drehen. Sylvia stand neben Kevin, daneben diese Rita. Die alte Schulfreundin und dann auch noch die erste Liebe. Ich musste hier weg. Kevin widerte mich an, und ich verachtete Sylvia und Rita. Ich hasste Rudi, weil er sie alle eingeladen hatte. Ich hasste die ganze Welt und fand die Menschen um mich herum abartig. Ich trank noch zwei Vodka, und auf einmal war meine Seele taub. Ich hörte auf zu fühlen. Ich ging wieder tanzen. Der junge Mann von vorher zog mich ganz nah an sich ran. Unsere Lippen berührten sich. Eine feste Hand ergriff mich unsanft. Kevin bugsierte mich ins Auto. An mehr kann ich mich nicht mehr erinnern.

Am nächsten Tag wollte Kevin mit mir reden, aber dem entzog ich mich, indem ich zu Marianne ging. Er sollte erst einmal runter kommen. Ich hatte genau gesehen, wie er gestern mit Sylvia geredet hatte und dann auch noch mit Rita, wie er sich an den Gedanken an die erste Liebe gewärmt und die Erinnerungen genossen hatte. Und mir wollte er Vorwürfe machen! Das würde ich mir nicht gefallen lassen. Seine Eifersucht kotzte mich an.

Es wird offensichtlich, dass Anna eine verzerrte Körperwahrnehmung hat. Wo andere sie als sehr schlank und gut proportioniert erleben, nimmt sie selbst Fettpolster wahr. Ein Selbstwertgefühl ist ihr fremd und in der Situation fühlt sie sich fehl am Platz.

Anna zweifelt an Kevins Verhalten und an seiner Liebe. Es gibt nichts, was Kevin in dieser Situation richtig machen könnte, denn es gibt nichts, was ihre eigenen Unsicherheiten und Ängste effektiv und schnell lindern würde.

Als sie die schlechten Gefühle nicht mehr aushält, flüchtet sie in die Trance des Tanzes und die betäubende Wirkung des Alkohols. Es funktioniert nicht so, wie es sollte. So muss sie Kevin dann, aus der immer noch empfundenen Verlustangst und dem damit verbundenen Schmerz heraus, verletzen.

Gleichzeitig ist sie – objektiv grundlos – eifersüchtig, und projiziert ihre Eifersucht zu guter Letzt auf ihn, obgleich sie ihm einen echten Anlass zur Eifersucht gibt.
Weil sie mit ihrer eigenen Scham nicht konfrontiert werden will, lehnt sie es am nächsten Tag ab, mit ihm in einen echten Kontakt zu treten.

Kevin konnte seine Wut und seinen Zorn nicht mehr unterdrücken. Gemischte Gefühle kommen in ihm auf, und in dem ganzen Spektrum von hineinprojizierten Emotionen, hat er Anna geküsst und mit ihr geschlafen, um Spannung abzubauen. Kevin verliert langsam die Kontrolle über seine Gefühle und kann unbewusst nicht mehr unterscheiden, was sein Eigen und was „Produkt" der Projektion ist.

Rudis Geburtstagsparty sollte zu einem äußerst unangenehmen und schmerzhaften Ereignis für mich werden, mich an meinem Verständnis der Welt zweifeln lassen. Da stand ich nun und hatte keine Ahnung, wie ich noch mit Anna umgehen sollte. Aber von Anfang an:

Ich freute mich auf die Party. Ein unterschwelliges, komisches Gefühl war dabei, wohl weil Sylvia auch zu kommen beabsichtigte. Das barg Konfliktpotenzial. Ich ging allerdings davon aus, mögliche Konflikte dadurch umschiffen zu können, indem ich nicht viel mit Sylvia redete, und wenn, dann nur in Annas Anwesenheit. Ich wollte Rücksicht auf sie und ihr ihre unbegründeten Zweifel nehmen. Ich kümmerte mich also ständig um Anna, war immerzu in ihrer Nähe. Sie sah bezaubernd aus. Ihre Wahnsinnsfigur kam perfekt zur Geltung in dem kurzen Rock und dem engen Top, welches sie trug. Eine Traumfrau mit Traumfigur. Ich könnte mich immer wieder neu in sie verlieben. Verstanden habe ich das nie, dass sie sich dick fühlte und ihre Figur nicht mochte. So sind sie eben, die Frauen. Als Sylvia den Raum betrat, begrüßte ich sie kurz und widmete mich weiter meiner Anna. Anna wollte dann tanzen gehen und verabschiedete sich kurz. Sylvia kam auf mich zu und fragte, was mit mir los sei. Ich erklärte ihr, wie eifersüchtig Anna war, und bat sie, das nicht persönlich zu nehmen. Sie, Sylvia, sehe nun einmal verdammt gut aus, weshalb Anna es nicht gut fände, wenn ich mich so lange mit ihr unterhalten würde. Ich wollte Sylvia damit besänftigen. Die Stimmung kam mir sehr angespannt vor, sie erschien mir recht enttäuscht, dass ich sie nicht wie immer begrüßt hatte.

Währenddessen schaute ich ständig nach Anna. Ich wünschte mir, dass sie sich gut amüsierte, was sie auch tat. Sie tanzte und lachte und schien sehr gelöst. Das freute mich.

Auf einmal erspähte ich Rita. Mit ihr hatte ich gar nicht gerechnet. Sie war meine allererste Liebe gewesen, in grauer Vorzeit. Wir hatten uns vor Jahren aus den Augen verloren. Ich freute mich sehr, sie zu sehen. Wir kamen ins Gespräch. Ich genoss es, mit ihr ein wenig über alte Zeiten zu sprechen. Aus dem Augenwinkel sah ich, dass Anna aufgehört hatte zu tanzen und sich mit Rudi unterhielt. Sie kam auf uns zu, zerrte mich auf die Seite und verlangte von mir, sofort mit ihr nach

Hause zu gehen. Ich bat sie, noch kurz zu bleiben, weil ich Rita so lange Zeit nicht gesehen hatte, und wollte ihr Rita auch vorstellen. Aber Anna drehte sich um und ging wieder tanzen. Ich war enttäuscht und auch sauer, aber ich unternahm nichts. Anna hatte getrunken, und Diskussionen mit ihr verliefen dann immer völlig fruchtlos. Ich unterhielt mich weiter mit Rita. Auf Nachfrage erzählte ich ihr ein wenig über meine Beziehung mit Anna.

Auf einmal sah Rita mich mit einem sehr merkwürdigen Blick an und zeigte in Annas Richtung. Ich sah ebenfalls zu Anna und erstarrte. Meine Knie wurden weich. Mir wurde schlecht. Ich sah Anna mit einem Mann zusammen auf der Tanzfläche, die Körper eng aneinander, und sie küssten sich. Was machte sie da? Wie in Trance bewegte ich mich auf Anna zu, ergriff ihr Handgelenk und zog sie zum Auto. Sie schrie zwar und wollte nicht weg, aber ich nahm all meine Kräfte zusammen und zwang ihr meinen Willen auf. Rudi lief hinter mir her und sagte etwas, aber ich hatte kein Ohr frei, um zuzuhören. Ich äußerte nur knapp, ich werde nach Hause fahren und nicht mehr zurückkommen. Für mich war der Abend gelaufen. Im Auto wurde Anna still. Als ich den Wagen vor der Haustür geparkt hatte, machte sie Anstalten wegzulaufen. Ich hielt sie fest und drückte sie durch die Haustür.

Anna schrie mich an: „Du hast den ganzen Abend mit anderen Frauen rumgemacht. Du bist wie die anderen Männer. Ich hasse dich!“ Sie war betrunken. Ich brachte sie ins Bett und legte mich selbst auf die Couch. Einschlafen konnte ich nicht, denn die Szene von Anna auf der Tanzfläche, wie sie einen anderen Mann küsste, wollte nicht aus meinem Kopf weichen. Ich war verletzt, wütend, traurig und total am Ende mit meinen Nerven.

Als Anna am nächsten Morgen aufwachte, fragte ich sie, ob sie noch wisse, was sie gestern auf der Party veranstaltet und wie sie mich verletzt und blamiert hatte. Ohne Übergang fing sie wieder an zu schreien: „Ich wollte dir nur zeigen, wie ich mich fühle, wenn du mit anderen Frauen flirtest und mich nicht beachtest. Du hast die ganze Zeit mit Sylvia geflirtet und dann noch mit Rita. Was wolltest du überhaupt mit Rita? Erste Liebe, dass ich nicht lache. Am liebsten hätte sie dich angesprungen, und du warst auch scharf auf sie! Denkst du, ich bin blöd und merke nichts? Hör ja auf, mich zu beschuldigen! Ich wollte dir nur zeigen, wie ich mich die ganze Zeit gefühlt habe! Ich habe keinen Bock, das mit dir zu diskutieren, da gibt es nichts zu diskutieren. Ich gehe jetzt. Lass mich in Ruhe!" Sprach's, knallte die Tür und war weg.

Ich blieb in der Küche zurück, alleine und verwirrt. Ich konnte keinen klaren Gedanken fassen. Irgendwann rief Rudi an, aber ich war nicht in der Lage, mit ihm zu reden. Dann rief Sylvia an und ich sagte ihr, ich könne gerade nicht reden, da es mir nicht gut ginge und Anna weg sei. Ich saß nur da und fühlte mich total leer. Ich legte mich hin, aber der Schlaf wollte nicht kommen. Hatte ich es verbockt? Was hatte Anna so verletzt? Hatte ich wirklich so intensiv mit Rita geredet? Sie hatte mich bis auf die Knochen blamiert, indem sie vor allen Leuten diesen Typen geküsst hatte. Meine Welt war eine Ruine. Ich verbrachte den ganzen restlichen Tag im Bett, unwillig und unfähig, irgendjemanden zu sehen oder an irgendetwas zu denken.

Ich besuchte Marianne und erzählte ihr, was Kevin mir angetan hatte. Meine Tränen flossen, Marianne hörte zu und hielt sich mit Meinungsäußerungen zurück.

Ich rief von ihr aus Bert an. Es war schön, seine Stimme zu hören. Ich erzählte ihm, dass Kevin vor meinen Augen mit anderen Frauen rumgemacht hatte und Bert ließ mich wissen, dass er mich verstand. Seine Frau habe das Gleiche gemacht, sagte er. Ich unterhielt mich lange mit ihm. Er bot mir an, zu ihm zu kommen, wenn ich wollte.

Marianne sah mich fragend an. Ich erzählte ihr alles über Bert und dachte währenddessen darüber nach, ob ein Treffen mit ihm denn wirklich so abwegig war. Er war so anders als Kevin, und ich wusste tief in mir, dass er mich wirklich verstand. Die Möglichkeit, zu ihm zu fahren, war verlockend. Ich war immer noch stinksauer auf Kevin. Was dachte er sich nur, wer er war? Vor mir den Charmeur und Frauenverführer raushängen zu lassen! Marianne versuchte, mich zu beruhigen und von dem Gedanken, zu Bert zu fahren, abzubringen. Mein Handy klingelte, es war eine SMS von Bert: „Ich würde mich sehr freuen, dich kennenzulernen. Meine Tür steht offen." Ich freute mich. Es war nicht so weit zu ihm, nur 100 km. Ich war hin- und hergerissen, sollte ich fahren oder nicht? Kevin hatte sich den ganzen Tag nicht gemeldet. Also war ihm doch egal, wo ich war. Sein Verhalten stand einfach im Widerspruch zu seinen Liebesbeteuerungen.

Ich bat Marianne vorsichtshalber, niemandem etwas über Bert zu erzählen. Ihre Reaktion fiel merkwürdig aus. Sie schien mich, wie so viele andere Menschen auch, nicht zu verstehen, denn sie sah mich irritiert und streng an, als ich sie um Stillschweigen bat. Zum Glück war Bert da, wenigstens ein Mensch, der mich verstand. Ich erklärte Marianne, dass es Kevin egal war, wo ich war und wie es mir ging. Ich erzählte ihr, dass er sich schon den ganzen Tag nicht gemeldet hatte. Das vom Vorabend wusste sie ja. Mir schossen die Erinnerungen durch den Kopf.

So ein Arschloch! Gestern auf der Party hatte er mir keine Beachtung geschenkt und mich auf einmal und plötzlich wie ein kleines Kind weg gezerrt. Ich hatte noch den Blick vor Augen, mit dem er Sylvia fixiert hatte, und ich wurde die Bilder nicht los, wie er sich mit seiner ersten Liebe unterhielt.

Marianne bot mir an, über Nacht zu bleiben. Ich war unschlüssig. Ich musste erst am übernächsten Tag wieder arbeiten. Die freie Zeit wollte ich nutzen. Vielleicht wäre es doch gut für mich, wenn ich Bert besuchen ginge. Er war mir so ähnlich, und er wusste instinktiv, wie ich mich fühlte. Ich musste ihm nicht lange erklären, was in mir vorging, er spürte es einfach.

Insgeheim ärgerte ich mich über Kevin, der nicht anrief. War ich ihm wirklich egal? Wenn es nicht so wäre, hätte er sich dann nicht gemeldet und mich gesucht? Es hatte ihn nie wirklich gekümmert, wie es mir ging. Der Hass loderte wieder auf und ich schrieb: „Ich hasse dich! Dir ist egal, wie es mir geht. Dir ist egal, wo ich bin. Ich bin dir egal. So war es schon immer! Ich weiß nicht, ob das mit uns noch Sinn macht." Das musste raus, das musste endlich einmal gesagt werden! Ein paar Minuten später klingelte mein Handy, das Display zeigte Kevins Nummer an. Ich starrte es an, ohne abzunehmen. Kevin versuchte es mehrmals, aber ich hatte keine Lust auf sinnlose Diskussionen und nahm deshalb nicht ab. Schließlich rief er Marianne an. Ich bat Marianne ihm nicht zu sagen, dass ich bei ihr war. Einige Minuten später kam eine SMS von ihm. „Anna. Ich weiß nicht, was mit dir los ist. Ich mache mir Sorgen. Melde dich bitte." Es wäre zum Lachen gewesen, wenn es nicht so schmerzhaft gewesen wäre. Er machte sich Sorgen? Nachdem er sich den ganzen Tag nicht gemeldet hatte? Das verdiente keine Antwort. Marianne versuchte, mich zu überreden, mich bei ihm zu melden, aber ich verbat mir das. Sie sollte mir nicht auch noch sagen, was ich zu tun und zu lassen hatte. Sie war offenbar nicht in der Lage, sich in mich hinein zu versetzen, mich zu verstehen.

So schrieb ich Bert eine SMS mit dem Inhalt, dass ich ihn gerne treffen würde. Er schrieb mir sofort zurück: „Ich will dich auch gerne sehen, Anna. Und wie!" Der Gedanke an ein Treffen mit ihm verursachte mir ein leichtes Kribbeln im Bauch.

Anna schafft sich wieder eine neue Realität, in der Bert die Hauptrolle übernimmt. Diese neue Illusion hilft ihr, ihre momentane Situation auszublenden. Die Gefahr, mit ihrer eigenen Schuld und den Unzulänglichkeiten konfrontiert zu werden, ist zu groß. So muss Anna Kevin und die ganze Situation abwerten. Kevin ist „schwarz", und Bert wird idealisiert. Bei Bert findet sie Zuflucht und Sicherheit, wenn auch nur in Gedanken. In ihrer Welt ist Bert der Einzige, der sie versteht, und die Alternative, zu ihm zu fahren, hält sie sich offen. Sie flüchtet vor der Realität, in der sie sich unverstanden fühlt, indem sie sich eine neue Illusion erschafft. Sie flüchtet vor den eigenen Gefühlen und projiziert das komplette innere Chaos nach außen, ohne es bewusst wahrzunehmen.

Kevin ist zutiefst verletzt und enttäuscht über Annas Verhalten auf der Party. Er hat sich wirklich Mühe gegeben Anna zu zeigen, dass er zu ihr steht. Er nimmt Rücksicht auf sie und versucht ihr das Gefühl zu geben, für sie da zu sein. Er kann nicht wissen, wie Annas Wahrnehmung ist und wie ein harmloses Gespräch mit alten Freundinnen auf sie wirken kann. Hier werden die verschiedenen Wahrnehmungen und Realitäten sichtbar, und man kann an dieser Stelle sagen: „Egal was man tut, es ist falsch!"

Am Abend erreichte mich eine völlig unverständliche SMS von Anna. Ich war schockiert. Um die Dinge zu klären, rief ich sie an, aber sie nahm meine Telefonate nicht an. Ich rief bei Marianne an, aber dort war sie auch nicht. Ich bat sie per SMS, sich zu melden. Nichts.

Ich hatte keine Kraft mehr. Ich wusste nicht mehr, was ich machen sollte. Rudi hatte vor kurzem gesagt, ich hätte mich in den letzten Monaten sehr verändert. Meine Freunde machten sich Sorgen um mich.

Wie konnte das alles sein? Warum tat sie mir das an? Warum weigerte sie sich so beharrlich, mich zu verstehen? Warum machte sie das? Warum nur? Warum war sie in einem Moment so, und im nächsten ein anderer Mensch? Wieso war manchmal die Welt in Ordnung und unvermittelt und ohne Übergang alles nichts mehr wert? Ich war alleine, leer und voller Verzweiflung. Das konnte ich einfach nicht verstehen, unabhängig davon, wie ich es drehte und wendete. Ich fand keine Erklärung, so sehr ich mich auch anstrengen mochte. So oft hatte ich mich gefragt, ob es an mir lag, was ich falsch machte, aber ich fand keine Antwort, auch heute nicht. Die Frau trieb mich in den Wahnsinn, und dennoch liebte ich sie. Wieso ging sie nicht ans Telefon? Wo war sie jetzt? Wieso hatte sie das gestern getan, und auch noch direkt vor meinen Augen? Hatte sie überhaupt eine Ahnung, wie sehr es mich verletzt hatte? Langsam gewann der Eindruck überhand, dass ich an allem Schuld war, aber ich wusste nicht, weshalb. Ich hatte ihr doch nichts getan!
Als es schon spät war, rief ich Rudi an und unterhielt mich lange mit ihm. Das Gespräch half mir sehr, hatte ich doch schon angefangen zu glauben, dass ich den Verstand verlieren würde. Rudi stellte fest, dass sie am gestrigen Abend übertrieben hatte, und dass es alle gesehen hatten. Ich erwiderte, dass sie viel getrunken hatte und eifersüchtig auf Sylvia und Rita gewesen war. Er schrie förmlich: „Kevin! Was ist los mit dir? Nimmst du sie jetzt auch noch in Schutz? Hallo! Wach auf!“

Ja, ich wollte sie in Schutz nehmen, denn der Gedanke, sie zu verlieren, stellte meine ganze Existenz infrage. Keiner würde je verstehen können, was mir diese Frau gegeben hatte. So intensive Gefühle wie für sie hatte ich noch nie gehabt. Was wir anfänglich hatten, würde ich mein ganzes Leben lang nicht vergessen. Der Sex mit ihr war das Beste, was ich im Leben je erlebt hatte. Noch nie hatte ich jemanden so geliebt wie Anna.

Ich erwiderte mürrisch, dass er mich nicht verstehen würde, und wechselte das Thema. Rudi ließ mich nicht einfach so davonkommen. Gegen Ende des Telefonats machte er mir Vorhaltungen: „Kevin, ich mache mir Sorgen um dich. Du hast abgenommen, du redest nur noch über Anna, du bist abwesend, wenn wir weggehen. Was ist los mit dir?“ Ich wimmelte ihn ab, fügte hinzu, er müsse sich keine Sorgen um mich machen, es sei alles in Ordnung und legte auf.

Schlafen konnte ich nicht. Meine Seele, die einst so verzaubert von Anna war, vermisste sie jetzt. Gedanken an sie schossen durch meinen Kopf, ihre Abwesenheit quälte mich. Wieso schrieb sie, dass es keinen Sinn mehr mit uns hatte? Ich hatte ihr doch nichts getan. Mal war ich ihre große Liebe, und von einem Tag auf den anderen wechselte ihre Stimmung wie das Wetter und sie wollte alles beenden. Das tat so weh, so verdammt weh. Tränen liefen über mein Gesicht. Ich konnte sie nicht zurückhalten, auch wenn ich sonst selten weinte. Ein hartes Schluchzen erschütterte meinen Körper. Warum tat sie mir das an? Warum meldete sie sich nicht? Warum fügte sie mir solche Verletzungen zu? Wusste sie, wie weh sie mir tat? Ich konnte die ganze Nacht nicht schlafen. Sie kam nicht nach Hause. Wo war sie? Bei ihrem Ex?

Als ich am nächsten Tag gerädert auf der Arbeit aufschlug, bat mein Chef mich in sein Büro. Auch er hatte gemerkt, dass etwas nicht stimmte. Ich murmelte erklärend, ich hätte die ganze Nacht aufgrund von Magenschmerzen nicht schlafen können. Er gab mir auf, mich postwendend zum Arzt zu begeben und mich auszuruhen. Wie sollte ich Ruhe finden? Ich wusste nicht, wo Anna war und wann sie wieder nach Hause kommen würde. Da ich froh darüber war, dass mein Chef mir glaubte und keine weiteren Fragen stellte, und dass ich in diesem Zustand nicht im Büro bleiben musste, widersprach ich nicht und begab mich umgehend nach Hause. Auf dem Heimweg versuchte ich immer und immer wieder, Anna zu erreichen, aber sie nahm nicht ab.

Als ich zu Hause eintraf, fand ich sie vor, wie sie ihre Sachen packte. Sie wirkte überrascht, als sie mich sah, und erstaunlich ruhig. „Was machst du hier? Musst du nicht arbeiten?“ Ihre Worte trafen mich eiskalt und wieder zerbrach etwas in mir. Ich fing an zu schreien, die Worte suchten sich ihren Weg aus mir, es brach alles aus mir heraus. Sie sah mich erschrocken an und sagte leise: „Ich habe Angst, Kevin. Hör bitte auf.“ Ich kam zu mir und setzte mich. „Anna, was ist los? Du hast mit einem anderen Mann rumgemacht, vor meinen Augen, vor den Augen meiner Freunde! Und du gibst mir die Schuld?“ Ihr Blick gefror, wurde eiskalt und ihre Augen waren leer. „Kevin, du hast vor meinen Augen mit anderen Frauen geflirtet. Hör bloß auf, mir die Schuld in die Schuhe zu schieben. Du hast mich die ganze Zeit belogen. Ich weiß das. Ich habe keine Lust, das zu diskutieren.“
Ich stand und nahm ihre Hand, wollte Kontakt zu ihr herstellen. Sie aber drehte sich um und fing an, in Richtung des anderen Zimmers zu gehen. Ich ging hinterher. Sie schubste mich. Reflexartig schubste ich sie auch, wollte in dem Moment nicht mehr alles mit mir machen lassen. Sie fiel auf den Boden. Wie eine Katze sprang sie auf und fing an zu schreien: „Du hast mich geschlagen! Du bist wie alle anderen Männer! Lass mich in Ruhe! Wehe du fasst mich noch einmal in meinem Leben an!“ Sie drehte sich um, nahm ihre Tasche an sich und ging. Ich sank zusammen. Ich konnte nicht mehr, wusste nicht, was ich tun oder denken sollte. So saß ich am Boden, zitterte am ganzen Körper und starrte vor mich hin.

Am nächsten Morgen ging ich nach Hause, um meine Sachen zu holen, während Kevin noch auf der Arbeit war. Ich hatte keine Lust, ihn zu sehen oder mit ihm zu diskutieren. Aus irgendeinem Grund kam er früher nach Hause und wollte reden. Er sah so fertig aus und fragte, was los sei. Ich aber wollte nur weg, weg von dem ganzen Chaos, weg von den Diskussionen. Ich wollte nicht reden. Also erwiderte ich nur knapp, dass es keinen Sinn mehr hatte. Ich fühlte eine Eiseskälte in mir. Ich konnte nicht reden, konnte nicht fühlen, ich wollte einfach nur flüchten. Er aber hörte nicht auf und warf mir dann wieder vor, ich hätte mit einem anderen rumgemacht und ihn blamiert. Weshalb weigerte er sich zu begreifen, was er mir angetan hatte? Ich hatte doch alles gesehen, für wie blöd hielt mich dieser Kerl eigentlich? Jetzt wollte er mir noch die ganze Schuld in die Schuhe schieben. Ich hatte keine Lust mehr. Immer sollte ich schuld sein. Keiner hatte auch nur einen Hauch Verständnis dafür, wie ich mich fühlte. Ich knallte ihm an den Kopf, dass er derjenige war, der mich die ganze Zeit belogen hatte, denn ich musste wieder an die Blonde denken, an die E-Mails, die sie sich geschrieben hatten, und daran, wie er sich auf Rudis Geburtstag verhalten hatte. Auf Gespräche und Diskussionen hatte ich keine Lust. Als ich mich abwandte, um weiter zu packen, stieß er mich so fest weg, dass ich auf den Boden fiel. Für mich war das wie geschlagen zu werden. Es reichte mir. Ich war nicht willens, mir das bieten zu lassen. Ich hatte in meinem Leben schon derart viele Schläge bekommen, von einem Mann würde ich mich ganz sicher nicht so behandeln lassen, erst recht nicht von Kevin. Ich schnappte meine Tasche und flüchtete. Auf dem Weg zu Marianne kam alles hoch, Bilder aus meinem Leben, Bilder von Szenen, in denen ich geschlagen wurde, kniete, litt, gedemütigt wurde, um Verzeihung bettelte, für Dinge, die ich nie getan hatte. Ohne dass ich sie hätte zurückhalten können, quollen Tränen aus meinen Augen. Ich hielt an. Ich wollte einfach nur schlafen, wollte, dass es aufhörte. Was war nur los mit mir? In meinem Leben lief alles verkehrt. Marianne nahm mich in den Arm, als ich bei ihr eintraf. Ich erzählte ihr, dass Kevin mich geschlagen hatte, und sie tröstete mich. Ich wollte nicht zurück zu ihm, nie mehr. Für das, was er mir angetan hatte, hasste ich ihn und verstand nicht, weshalb er mir so wehgetan hatte. Ich hätte gerne Bert angerufen und ihm erzählt, dass ich mit Kevin Schluss gemacht hatte. Aber ich konnte mein Handy nicht finden.

Kevin als Person existiert in Annas Wahrnehmung nicht mehr. Sie nimmt ihn nur noch als schlechte Erinnerung, als bösen Spiegel all ihrer dunklen Seiten wahr. Er verkörpert nicht seine, sondern ihre dunklen Seiten. Er erinnert sie an all das Böse, das sie erlebt hat. Anna weiß nicht, dass sie alles Negative auf Kevin projiziert hat. Das kann sie nicht sehen. Sie muss flüchten, weil sie die Erinnerungen nicht erträgt. Kevin muss weg.

Anna wertet Kevin ab. Er ist in ihrer Wahrnehmung jetzt nur noch böse, und zwar ausschließlich. Sie spaltet.

Dann greift sie ihn an, berechtigt aus ihrer Sicht, denn er ist böse.

Daraufhin flüchtet sie, da die Spaltung sonst nicht aufrechterhalten werden kann. Es müsste ihr sonst klar werden, dass Kevin eben nicht nur böse ist, sondern dass das Problem woanders liegt.

Kevin ist verzweifelt und hat emotional und körperlich abgebaut, was Menschen in seinem Umfeld auch merken. In dem ganzen Schmerz und Chaos versucht er, Anna noch in Schutz zu nehmen, weil er sich nicht vorstellen kann, sie zu verlieren. Seine Verlustangst ist größer als der Schmerz, was jedem, der so etwas nicht erlebt hat, als irrational erscheint. Inneres Chaos, gemischt mit Schmerz, Angst, Zweifeln und Wut, bricht heraus, als er Anna in der Wohnung trifft. Sein Körper und seine Seele halten diesen Druck und dieses emotionale Chaos nicht mehr aus. Kevin bricht zusammen.

Ich saß am Boden. Alles tat mir weh, körperlich und seelisch. Was war nur mit mir los? Was war mit meiner Traumfrau, was war mit meinem Leben passiert? Was war aus mir geworden? Als ich in den Spiegel blickte, erkannte ich mich nicht. Ich öffnete eine Flasche Wein. Dann sah ich Annas Handy auf dem Tisch liegen. Lange starrte ich es an. Sollte ich hineinschauen? Bisher hatte ich etwas Derartiges noch nie gemacht, aber irgendetwas in mir verlangte danach, war stärker als meine Bedenken, und so nahm ich es in die Hand und fing an, ihre SMS zu lesen. Nachrichten an mich, ihren Ex, an irgendwelche anderen Männer, ich las sie alle. Ich war fassungslos. Irgendetwas passierte in mir, wofür ich keine Worte fand. Kurz bevor ich durchdrehte, fand ich noch die Kraft, Rudis Nummer zu wählen. Anna hatte mich die ganze Zeit belogen und betrogen, und mir hatte sie genau das vorgeworfen. Was war das für eine Frau? Wieso liebte ich sie so, und wieso konnte ich nicht loslassen, selbst jetzt, als ich doch wusste, was sie all die Zeit hinter meinem Rücken getrieben hatte?

Rudi war da. Ohne viele Worte hatte er sich sofort auf den Weg gemacht. Ich zeigte ihm alles. Er saß neben mir und schwieg. Meine Welt war zusammengebrochen. Wie konnte sie mir erzählen, dass sich mich liebte, wie konnte sie mir weismachen, ich sei ihre große Liebe, und heimlich diese Kontakte mit all diesen anderen Männern pflegen? Wie konnte sie mich heiraten wollen, weshalb hatte sie immer wieder von der großen Liebe gesprochen, und als ich es nicht mitbekommen hatte, hatte sie ständig an ihren Ex und irgendwelche anderen Typen geschrieben? Wie passte das zusammen? Der Schmerz zerriss mich, und dennoch war diese Frau DIE Frau für mich, dennoch liebte ich sie, abgöttisch. Für einen Moment glaubte ich an einen bösen Traum, dass ich gleich aufwachen und alles gut werden würde. Aber es hörte nicht auf. Ich war fertig mit der Welt, und auch ich fand keine Worte für das, was ich gesehen hatte. Rudi redete. Seine Worte hallten durch meinen Kopf. „Kevin, du brauchst Ruhe. Du musst zu dir kommen. Sei froh, dass sie weg ist. Es ist besser für dich.“ Ich sah ihn an, blicklos, murmelte, dass ich nicht verstand, was los war, dass das alles nicht sein könne.

Ich rief ihren Ex an, denn ich wollte es wissen, alles. Rudi versuchte mich davon abzuhalten, aber ich musste es tun, ich wollte die Wahrheit erfahren. Mein Leben war ohnehin ein Scherbenhaufen. Ich hatte nichts mehr zu verlieren. Ich wählte die Nummer und zitterte am ganzen Körper. Er ging ran, aber ich konnte nichts sagen. Ich legte auf. Dann versuchte ich es noch einmal und entschuldigte mich dafür, dass ich aufgelegt hatte. Er war sehr nett und fragte mich, was los sei. In aller Kürze erzählte ich ihm von dem Desaster, obwohl ich ihn weder kannte noch einschätzen konnte, wie er reagieren würde. Er war erstaunlich freundlich. Er bot mir sogar ein Treffen an. Ich war unsicher, ob das eine gute Idee war, wollte aber wissen, was sie hinter meinem Rücken gemacht hatte. Er fing am Telefon an zu erzählen. „Ich habe das Drama zwei Jahre lang mitgemacht, Kevin. Am Anfang dachte ich, es wäre die große Liebe. So etwas hatte ich noch nie erlebt. Solche intensiven Gefühle, dass ich sogar angefangen hatte, an Seelenverwandtschaft zu glauben. Die ersten paar Monate waren die intensivsten und schönsten in meinem Leben, und dann fing das Hin und Her an. Ich hatte keine Ahnung, wie ich mit ihr umgehen sollte. Sie hat mich zur Verzweiflung getrieben, mir Sachen vorgeworfen, die ich nie getan hatte, sodass ich angefangen habe, an mir zu zweifeln. Genau wie du bin ich irgendwann zusammengeklappt und habe einen Nervenzusammenbruch erlitten. Ich musste sogar ins Krankenhaus. Die Ärzte sind nett zu mir gewesen. Und als ich ihnen erzählt habe, was alles passiert war, haben sie mir gesagt, dass sie vermuten würden, dass sie an Borderline leidet. Deshalb habe ich angefangen, mich zu informieren. Es hat so vieles gepasst. Als ich sie damit konfrontiert habe, hat sie angefangen, mich anzuschreien, sich aufgeführt wie eine Furie, und ist schließlich abgehauen. Sie hat aber nie richtig locker gelassen, hat sogar mit

Selbstmord gedroht. Ich habe keinen Weg gesehen, wie ich damit umgehen sollte.“ Er erzählte weiter, aber ich konnte nicht mehr zuhören. Ich war leer. Seine Geschichte ähnelte meiner so sehr. Völlig geschockt bedankte ich mich. Er sagte noch, ich solle auf mich aufpassen, dann legte ich auf.

Ich war innerlich tot, ich fühlte gar nichts mehr. Meine Augen sahen Rudi, meine Ohren hörten, dass er etwas erzählte, aber ich hörte ihn nicht. Er war so weit weg. Meine Welt war derart zusammengebrochen, als ob ein Tsunami alles zerstört und weggefegt hätte. Das Wort Borderline blieb hängen, und die Inhalte von Annas letzten Nachrichten an einen Bert. Rudi machte Anstalten, mich zu beruhigen, aber ich konnte ihn nicht richtig wahrnehmen. War alles eine Lüge gewesen? Oder war das hier ein schlechter Traum? Als ich an Anna dachte, fühlte ich, wie eine Welle aus Liebe und Schmerz durch mich schoss. Was war Borderline? Ich setzte mich an den Rechner und gab das Wort ein. Ich wollte wissen, was los war. Rudi saß neben mir und schwieg. War sie wirklich psychisch krank? Das konnte nicht sein, so eine faszinierende, schöne, intelligente junge Frau konnte doch nicht krank sein.

Rudi wollte mich mitnehmen, aber ich zog es vor, allein zu sein. Ich verbrachte die ganze Nacht am Rechner, um mich über diese Erkrankung zu informieren. So vieles passte, aber ich wollte es immer noch nicht wahrhaben. Ihre Narben, ihre Stimmungsschwankungen, ihre krassen Reaktionen, jetzt hatte alles einen Namen erhalten. Ich heulte auch dann noch, als ich bereits im Bett lag. Ich dachte an Anna. Konnte ich ihr helfen? Ich liebte sie so sehr. In einem Moment tat sie mir leid, und im nächsten dachte ich wieder an all die Nachrichten in ihrem Handy und war wütend. Meine Gefühle vermischten sich, die Welt drehte sich, und ich brach erneut zusammen.

Irgendwann in den Morgenstunden klingelte es an der Tür. Es war Marianne. Anna hatte sie geschickt, um ihr Handy zu holen. Als Marianne mich erblickte, erschrak sie sichtlich. Ich drückte ihr wortlos das Handy in die Hand und forderte sie auf zu gehen. Sie sah mich weiterhin an und fragte dann, ob ich reden wollte. Wollte ich nicht. Dann brach alles aus mir heraus. Ich erzählte ihr, dass ich alles gelesen und mit dem Ex von Anna telefoniert hatte. Marianne nahm mich in den Arm. Sie hielt mich lange fest. Dann sagte sie, es sei besser, wenn ich erst einmal Abstand von Anna gewinnen würde.

Als Marianne weg war, rief ich Rudi an. Ich hielt es alleine nicht aus. Rudi riet mir, zum Arzt zu gehen. Er machte sich große Sorgen um mich. Mein Hausarzt erschrak ebenfalls, als er mich sah. Ich erzählte ihm alles, was passiert war. Er sagte, ich bräuchte erst einmal Ruhe und gab mir eine Überweisung zum Psychologen.

Verdammt, ich hatte mein Handy bei Kevin vergessen. Da ich ihn nicht mehr sehen wollte, bat ich Marianne darum, es zu holen. Ich sehnte mich danach, Bert anzurufen und zu ihm zu fahren. Marianne fuhr erst tags darauf zu Kevin und kam lange nicht zurück. Was machte sie so lange bei ihm? Ach, wer weiß, was er ihr alles erzählte. Mit meinem Ex war es das Gleiche. Ich wollte zu Bert. Marianne kam nach mehr als zwei Stunden zurück und sah mich mit einem bösen Ausdruck im Gesicht an. Ich wusste sofort, dass Kevin etwas erzählt hatte. Wieso hatte sie sich das angehört? Hatte sie Partei für ihn ergriffen? Ich schrie sie an, denn sie war meine und keinesfalls seine Freundin. Sie befahl mir, aufzuhören zu schreien und ihr zu erzählen, was los war. Ich wollte aber nicht Rede und Antwort stehen, es war ohnehin nutzlos, weil sie nichts verstand, nie verstand. Von mir aus konnte sie auch Kevin glauben. Ich verabscheute sie und alle Menschen hier. Keiner verstand mich. Ich sagte, es wäre ohnehin das Beste, wenn ich mich umbringen würde. Dann würde es keine Probleme mehr geben. Völlig herzlos und unempathisch forderte sie, ich solle damit aufhören und normal mit ihr reden, aber mehr hatte ich nicht zu sagen.

Ich schrieb eine SMS an Bert, in der ich ihm mitteilte, dass Kevin mich geschlagen und rausgeworfen hatte. Er bot mir sofort an, zu ihm zu kommen. Ich informierte Marianne darüber, dass ich gehen und nicht mehr zurückzukommen würde. Sie fragte mich, wo ich hin wollte, aber ich sagte ihr nur, dass ich zu jemandem gehen würde, der mich verstand. Sie fragte noch, was mit der Arbeit wäre. Da wollte ich aber ohnehin nicht mehr hin, denn ich wollte weg von all diesen Menschen, die mich nicht verstanden und mir auch nicht gut taten, was ich ihr auch sagte. Ich wollte ein neues Leben anfangen.

Ich rief Bert an und telefonierte lange mit ihm. Ich erzählte ihm alles. Er äußerte seine Freude darüber, dass ich zu ihm kommen wolle. Ich freute mich auch auf Bert und auf ein neues Leben. Bert sagte, dass ich mit ihm zusammen in seinem Restaurant arbeiten könne. Ich wäre am liebsten sofort gefahren, aber ich musste noch Geld von meinem Chef holen. Ich bat Marianne, das Geld abzuholen, aber sie verweigerte dies. Gut, dann verzichtete ich eben auf Geld und Freundschaft. Marianne wollte nichts für mich tun, sie war keine Freundin, und Verständnis für mich hatte sie ohnehin nicht. Ich rief Sabine an, um sie zu fragen, ob sie mein Geld holen konnte, und erklärte nur kurz, dass ich weg müsste. Sie aber fing an, Fragen zu stellen. Ich hatte keine Lust zu reden, Fragen zu beantworten und mich zu rechtfertigen. Ich wollte all das nicht mehr. Also sagte ich ihr, es sei in Ordnung. Mir wurde klar, dass es die einzig richtige Entscheidung war, zu Bert zu gehen. Marianne forderte, ich solle nachdenken, argumentierte, ich würde den Mann nicht kennen. Sie machte mir ein schlechtes Gewissen, sagte mir, ich könne nicht einfach flüchten und alles liegen lassen. Immer sollte ich schuld sein. Ich bügelte sie ab mit den Worten, es sei mein Leben und sie solle mich in Ruhe lassen und sich um ihre Sachen kümmern.

Ich freute mich auf Bert. Ich konnte es kaum erwarten, ihn zu sehen. Er hatte gesagt, dass es keine Zufälle gebe, und daran glaubte ich auch. Wir hatten das Gleiche mitgemacht, er verstand mich und war für mich da.

Ich verabschiedete mich von Marianne und fuhr los. Ich war aufgeregt, in meinem Bauch kribbelte es. Als ich vor seiner Haustür stand, klopfte mein Herz wie verrückt. Die Tür öffnete sich und er stand vor mir. Ich wusste nur: Er war der richtige Mann. Er umarmte mich sofort und ich fühlte mich zu Hause. Endlich war ich angekommen. Dieses Mal war ich mir sicher: Bert war das, wonach ich immer gesucht hatte.

Für Anna besteht die einzige Lösung in der Flucht. Alles, was an die bisherige Beziehung erinnert, muss schnell entsorgt und aus ihrem Leben gelöscht werden, als sei es nie da gewesen.

Bert ist Teil einer neuen Realität. Diese Realität ist noch sauber, noch nicht beschmutzt. Hier kann sie noch träumen und idealisieren. Noch wird die durch Idealisierung entstandene Schönheit dieser neuen Welt nicht durch unschöne Umstände getrübt. In dieser „neuen“ Welt ist Anna rein und unbescholten. Auch Bert ist rein und frei von bösen Absichten.

Das bisherige Beziehungserleben wird entwertet. Es ist, als hätte es die Beziehung mit Kevin nie gegeben, als wäre nie etwas Gutes zwischen Anna und Kevin gewesen. Anna spaltet.

Kevin steht unter Schock, als er Annas Handy durchsucht. Die ganze Beziehung schießt ihm durch den Kopf und er fühlt sich wie im falschen Film. Alles bricht zusammen und Kevin spürt sich nicht mehr, nimmt nicht mehr wahr, was um ihn herum passiert. Das ganze

Leben bricht innerhalb einer Sekunde zusammen, als er erfährt, was Anna hinter seinem Rücken gemacht hat. Als er die Vermutung, dass Anna an Borderline leidet, von ihrem Ex zu hören bekommt, überkommen ihn widersprüchliche Emotionen: Wut, Schmerz, Mitleid und Angst.

Ich war am Ende und völlig kaputt. Einsamkeit hüllte mich ein und alles verwirrte mich. Die Situation hatte mich total aus der Bahn geworfen. Das Schlimmste war diese Kälte und Gleichgültigkeit, die sie mir am Schluss entgegengebracht hatte. Damit hätte ich nie gerechnet. Der Unterschied war so krass, als hätte dort nicht Anna, sondern eine andere, fremde Frau vor mir gestanden. Wo war die Frau, die ich kennen und lieben gelernt hatte? „Warum" war sowieso DAS Wort schlechthin. In meinem Kopf wimmelte es von „Warum". Ich hatte sie auf Händen getragen, alles gemacht und hingenommen. Ihre Demütigungen, ihre Launen, ihre Situation, einfach alles. Der Schmerz saß tief, sehr tief. Ich fühlte mich leer und einsam. Ich sehnte mich nach ihr und ihrer Nähe, nach den unbeschreiblichen Momenten, die wir geteilt hatten. Wo war das alles hin? Ich war verzweifelt. Hassen konnte ich sie nicht. Ich suchte immer noch nach den Antworten, was an mir so falsch gewesen war. Ich hatte ihr alles, was mir möglich war, gegeben, hatte ihr doch immer gezeigt, wie sehr ich sie liebte und wie toll sie war. Die Vorstellung, dass sie in den Armen eines anderen lag, zerriss mich innerlich. Wie konnte sie all das, was zwischen uns war, so schnell vergessen? Ich fühlte mich weggeworfen, entsorgt, wie ein defektes Altteil ausgetauscht. Es tat so weh, dass es mir das Herz zerriss. Ständig sah ich in Richtung meines Handys, hoffte, dass sie sich melden würde. Ich konnte diesen Schmerz nicht ertragen. Mein Leben hatte keinen Sinn ohne Anna. Gleichzeitig fragte ich mich, wer diese Frau, die mich so fasziniert und doch in die Verzweiflung getrieben hatte, eigentlich war.

Als ihr Ex Borderline das erste Mal erwähnt hatte und mir den Bezug dieser Erkrankung zu Anna verdeutlicht hatte, hatte ich tagelang recherchiert, aber nur zum Teil verstanden. Angst oder Unsicherheit hatte ich bei Anna nie wahrgenommen. Selbstverletzungen, bei denen ich Zeuge war, fanden jetzt eine Erklärung, aber je mehr ich mich mit dem Thema auseinandersetzte, desto weniger verstand ich das alles. War sie wirklich krank? Ich hatte mir kranke Menschen immer anders vorgestellt. In mir brannte der Wunsch, noch einmal mit Anna zu sprechen, alles zu klären. Ich wollte nicht, dass sie glaubte, dass ich sie belogen und betrogen hätte. Sie war diejenige, die mich belogen und betrogen hatte, aber doch nicht umgekehrt! Ich wollte ihr sagen, dass ich ihre Nachrichten auf ihrem Handy gelesen hatte, mit ihrem Ex geredet hatte. Wer war dieser Bert? War sie jetzt wirklich bei ihm? Es tat so weh. Diesen Schmerz konnte ich nicht ertragen. Musste ich wirklich zum Psychologen? Ich war doch nicht derjenige, der krank war. Ich war zutiefst verletzt, da die Frau, die ich liebte, mich von jetzt auf gleich verlassen hatte. Wir hatten so viele Pläne, ich war ihre große Liebe. Es konnte doch nicht sein, dass alles von heute auf morgen vergessen war. Mein Herz blutete. Ich war krankgeschrieben. Arbeiten konnte ich nicht. Meine Freunde verstanden mich nicht. Den Namen Anna wollten sie nicht mehr hören. Ich war am Ende. Sie fehlte mir.

Mit Bert war es so schön. Ich war glücklich bei ihm. Er war genau wie ich, wir konnten uns über alles unterhalten. Die erste Woche verbrachten wir fast ausschließlich damit, zu reden und uns seelisch und körperlich nahe zu sein. Wir hatten fantastischen Sex. Er war der richtige Mann für mich. Er hatte das Gleiche wie ich durchgemacht. Immer wieder versicherte er mir, dass er mich beschützen, mich nie verletzen und nie so behandeln würde, wie andere Männer mich behandelt hatten. Bald schon würde ich mit ihm zusammenarbeiten dürfen. Er wollte nur, dass ich mich in der ersten Woche ausruhte und zu mir kam, nach all dem Drama. Ich liebte Bert sehr, er gab mir

Sicherheit und Geborgenheit. So lieb, wie er zu mir war, konnte ich mir nicht vorstellen, dass er mich je verletzen würde. Die erste Woche war wunderschön. In der nächsten Woche musste er ein paar Mal weg, um Dinge zu erledigen. Er bat mich, nicht ans Telefon zu gehen, wenn es klingelte. Das erschien mir ein wenig merkwürdig, aber ich fügte mich dem.

Nachdem er das Haus verlassen hatte, rief ich Marianne an und erzählte ihr, wie verliebt wir waren und wie schön alles war. Sie sagte nur, ich solle auf mich aufpassen. Warum konnte sie mir mein Glück nicht gönnen? Nach all dem, was ich erlebt hatte. Ich erzählte ihr alles. Sie fragte nach Kevin und ob ich mit ihm geredet hätte. Sie nervte mich. Kevin hatte mich geschubst, mich belogen, sein Passwort geändert und mit anderen Frauen rumgemacht. Darüber wollte ich nicht reden. Hatte sie nicht verstanden, dass ich das einfach nur vergessen wollte, weil es so schmerzhaft gewesen war?

Als Bert nach Hause kam, tätigte er noch einen Anruf. Ich hörte nur: „Es war nicht besetzt. Es konnte gar nicht besetzt sein. Ich war nicht zu Hause!" Er regte sich auf. Als er aufgelegt hatte, teilte ich ihm mit, dass ich telefoniert hatte, und dass deshalb besetzt gewesen war. Er schrie mich an, verbot mir zu telefonieren, weil es Geld koste. Solange ich kein Geld hatte, sagte er, sollte ich es sein lassen. Das tat weh. Ich fing an zu weinen, weil es mich verletzt hatte, wie er mich angeschrien hatte. Er nahm mich in den Arm und entschuldigte sich. Er erklärte, es sei seine Exfrau gewesen. Sie fordere ständig Geld von ihm. Sie dürfe nicht wissen, dass ich hier sei, sonst werde sie ihm ständig Probleme machen. Zunächst war ich etwas verunsichert, aber dann verstand ich. Wenn sie so eine Furie war, war es wohl besser, sie nicht zu informieren. Das war das erste Mal, dass ich mich unwohl bei ihm fühlte, aber es folgte eine Nacht mit tollem Sex und alles war wieder gut. Ich weiß nicht weshalb, aber ich musste dann an Kevin denken. Ich schickte ihm eine SMS. Er antwortete nicht. Dann sendete ich ihm noch eine Nachricht, meine Letzte.

Anna idealisiert Bert, so wie sie am Anfang auch Kevin idealisiert hat. Sie ist verblendet und blendet das Vergangene aus. Entwertung, Spaltung, gefolgt von einem Zustand, als ob die Vergangenheit nie existiert hätte.

Wenn Anna an die vergangene Beziehung mit Kevin erinnert wird, wertet sie ihn ab. Die Abwertung von Kevin dient ihrem Seelenfrieden – nicht sie soll die Schuld am Scheitern der Beziehung tragen. Sie glaubt fest an ihre Sicht der Dinge. Sie ist das Opfer.

Als Berts Verhalten einmal kurz nicht mit ihrem idealisierten Traumbild übereinstimmt (er schreit), steigt Angst in ihr hoch. Hierdurch ist Kevin wieder präsent. Von Kevin weiß sie, dass er sie liebt. Gleichzeitig erwartet sie von Kevin, dass er sie immer lieben wird. Sie kontaktiert ihn, um wahrgenommen zu werden, weil sie sich klein fühlt. Sie hofft, dass er sie auffängt.

Zwei Wochen, nachdem Anna gegangen war, war ich immer noch fertig mit der Welt und nicht in der Lage, zu arbeiten oder unter Menschen zu gehen. Rudi kam oft bei mir vorbei und versuchte, mich zu einer Therapie zu überreden. Ich wollte nicht, schließlich war ich nicht krank. Ich war lediglich tieftraurig und verletzt. Immer noch hoffte ich darauf, dass Anna eines Tages zurückkommen würde. Rudi wollte den Namen nicht mehr hören. Marianne rief ein paar Mal an und fragte nach, wie es mir ging. Ich fragte sie nach Anna und sie sagte leise, dass Anna angerufen hätte, einen Neuen hätte und bei ihm wäre. Als ich das hörte, brach meine Welt erneut zusammen. Marianne versuchte mich zu beruhigen. Sie erzählte mir noch einige Dinge über Anna und meinte, es sei besser, dass sie weg sei. Sie begründete das auch. Sie sagte, Anna könne nicht anders. Sie habe einige Männer so tief verletzt, ohne es zu wissen. Sie habe auch immer wieder versucht mit ihr zu reden, aber Anna blocke alles ab. Sie komme mit Anna auch nicht immer zurecht und verstehe ihr Verhalten nicht.

Zwei Wochen nach der Trennung kam die erste SMS. Ich fing an, unkontrolliert zu zittern. Mein ganzer Körper schmerzte. „Hallo Kevin. Es ist schwer für mich, und ich habe es mir nicht leicht gemacht, aber es ist besser, dass wir uns getrennt haben. Ich bin nicht gut für dich. Es ist besser für alle, dass ich weg bin, auch wenn es mir manchmal schwerfällt. Ich vermisse dich manchmal, aber dann denke ich an alles, was in der letzten Zeit passiert ist und weiß, dass es gut ist, so wie es ist. Deine Anna.“ Auch nachdem ich die Nachricht mehrfach gelesen hatte, konnte ich nicht verstehen, was mir Anna mitteilen wollte. Am Ende stand „deine“ Anna. Ich rief Marianne an und las ihr die Nachricht vor. Sie riet mir, nicht zu antworten, da sie ein paar Tage davor mir ihr telefoniert hatte. Es fiel mir verdammt schwer, nicht zu antworten. Ich tippte eine Antwort und löschte sie wieder. Das wiederholte ich. Aber ich blieb hart. Am gleichen Abend kam noch eine SMS. Ich hatte Angst, sie zu lesen. Zu Recht, denn als ich sie las, brannte es wie glühendes Magma in meinem Herz. „Ich wusste, dass du eine andere hast, sonst hättest du mir geantwortet. Bist ein freier Mensch und wahrscheinlich froh, dass ich weg bin. Lebe wohl. Möchte nie mehr etwas von dir hören.“ Das haute mich um.

Ich rief Marianne an, da sie die einzige Person war, mit der ich überhaupt noch über Anna reden konnte, und sie kam dann zu mir. Ich zeigte ihr die SMS. Marianne sagte nur, sie sei wahrscheinlich beleidigt, dass ich nicht reagiert hätte. Sie würde sich schon wieder melden. Marianne kannte Anna schon lange und hatte viel mit ihr durchgemacht. Ich vertraute ihrer Einschätzung. Ich musste mir noch überlegen, ob und wie ich in diesem Fall reagieren würde. Ich erzählte ihr, was Annas Ex – oder vielmehr Ex-Ex – gesagt hatte, und fragte sie, ob sie etwas über Borderline wisse. Sie sah mich an und erwiderte: „Wir vermuten es alle, denn ihr Verhalten ist rational nicht zu verstehen und vieles passt zu dem Krankheitsbild. Aber sie weiß es nicht und will nichts davon hören."

In dem Moment fing ich an zu weinen und hatte Mitleid mit Anna. Ich wollte sie in meine Arme schließen, ihr helfen, für sie da sein. Ich wollte ihr schreiben, dass ich sie über alles liebte. Marianne nahm mein Handy an sich und löschte alles, was mit Anna zu tun hatte. Sie sagte nur: „Glaub mir, es ist besser für dich, Kevin. Du kannst ihr nicht helfen. Keiner kann ihr helfen, solange sie nicht selbst einsieht, was sie anrichtet."

Ich konnte Anna nicht vergessen. Wie denn auch? Ihre Sachen waren noch hier. Alles roch nach ihr. Ich hätte für diese Frau sterben wollen. Ich konnte sie unmöglich vergessen, ich konnte ja noch nicht einmal an etwas anderes denken. Es war alles so sinnlos ohne sie.

III

… UND DIE FRAGE WARUM

DIE BORDERLINE-BEZIEHUNG

Eine Beziehung mit einem Menschen, der an einer Borderline-Persönlichkeitsstörung leidet, ist alles andere als leicht und sicher nicht das, was man „normal" nennen kann. Diese Beziehungen verlangen sehr viel Geduld und Verständnis.

Die attraktiven Eigenschaften und der Charme dieser Menschen sind faszinierend. Genau das spricht die Defizite eines Partners an, weshalb es für ihn sehr schwer ist, dem zu widerstehen. Ein Borderliner kann sich, aufgrund seiner stark empathischen Wahrnehmung, sehr gut und ganz genau auf einen Menschen einstellen. Da er auf der Suche nach einer Identität ist, identifiziert er sich innerhalb kürzester Zeit mit dem potenziellen Partner (projektive Identifikation). Er spiegelt ihm alles, was er haben möchte, zurück, samt seiner unbewussten Wünsche. Der Partner erlebt dies als eine unglaubliche Einheit und glaubt an Seelenverwandtschaft. Diese Intensität ist am Anfang der Beziehung sehr schön und auch der Grund, wieso der Partner trotz Schmerz und Abwertung an der Beziehung festhält und sich auch nach der Trennung schwer lösen kann.

Warum ist der Schmerz so groß?

Es ist schon bekannt, dass eine Beziehung irgendetwas in einem reaktiviert: einen ungelösten Konflikt aus der Kindheit, unausgelebte Träume, „geheime“ Sehnsüchte, unbefriedigte Bedürfnisse u. v. m. Beispiele: Wenn ein kleines Mädchen von der Mutter ständig angeschrien wird, baut es sich eine Traumwelt auf und träumt von einem Prinzen, der es errettet. Der Junge, der ständig von seinem Vater geschlagen und angeschrien wird, träumt davon, groß und stark zu werden, sodass ihn „kein Mensch mehr verletzen kann“, dass alle vor ihm Angst haben usw. Es gibt viele Beispiele und viele Träume und Sehnsüchte, die in der Zeit der Abhängigkeit (von den Eltern) und Hilflosigkeit entstehen und einen ein Leben lang unbewusst begleiten, prägen und steuern.

Das möchte ich anhand eines Beispiels zeigen. Es geht in diesem Entwurf um den Traum eines kleinen Mädchens, Sängerin zu werden. Allerdings kann dieses Beispiel auf vieles übertragen werden.

Beispiel:
Ein kleines Mädchen hat einen Traum. Sie will Sängerin werden. Sie singt vor dem Spiegel, tanzt und sieht sich schon im Rampenlicht. Die Mutter sieht es und sagt: „Du kannst nicht singen. Hör auf zu träumen!" Das Mädchen singt nur noch, wenn die Mutter nicht da ist, aber nicht mehr so leidenschaftlich, weil sie glaubt, dass sie nicht gut ist. Der Traum bleibt. Das Mädchen wird erwachsen und singt nur noch unter der Dusche, denn den Traum, Sängerin zu werden, hat sie schon längst verdrängt und vergessen, und sie lebt ein angepasstes, „normales“ Leben. Sie hat einen Beruf gelernt, welcher gesellschaftlich anerkannt ist und sie geht selbstbewusst durchs Leben. Sie hat Freunde, hat guten Kontakt mit ihrer Familie und lebt ein Leben, welches sie zufriedenstellt, bis sie IHN kennenlernt.
Abends geht sie in eine Kneipe mit Freunden, trinkt etwas, hat gute Laune und singt leise mit der Musik aus den Lautsprechern mit. ER kommt zu ihr und sagt: „WOW, was für eine Stimme! Singen Sie professionell?“ Sie schaut ihn an (nicht ganz ihr Typ) und sieht die Bewunderung in seinen Augen. „Nein, nein, habe nur leise gesungen, weil mir

das Lied gefällt." Er schaut sie weiter begeistert an und sagt: „Schade, so eine schöne Stimme, so eine wundervolle Stimme." Sie hat zwar ein komisches Gefühl, lässt sich aber auf ein Gespräch ein, bei dem es nicht bleibt. Dieser Mann erobert sie, indem er sie idealisiert und an den längst vergessenen Traum „andockt".
Die ersten Monate verlaufen wie im Film: Er bewundert sie und ihre Stimme, sie singt zu Hause und tanzt wie ein kleines Mädchen vor dem Spiegel. Sie ist überglücklich und hat das Gefühl, „richtig erkannt zu werden", angekommen zu sein, die Liebe ihres Lebens gefunden zu haben.
Eines Tages, aus unerklärlichem Grund, während sie unter der Dusche singt, schreit er sie an: „Hör auf zu singen. Deine Stimme ist nervig und ich kann es nicht mehr hören." Ihre Welt bricht zusammen, sie ist verletzt und verzweifelt. Wie kann er so etwas sagen? Er war doch derjenige, der ihre Stimme so bewundert hat!
Sie versucht, alles wieder gut zu machen, hört auf zu singen, wenn er in der Nähe ist, hört ganz auf zu singen, denn wenn sie singt, denkt sie an die hässlichen Worte, die sie letztens von ihm gehört hat. Er wird immer distanzierter, kälter und unnahbarer. Sie leidet und versucht, ihm alles recht zu machen, in der Hoffnung, dass alles wieder so wird wie am Anfang. Sie distanziert sich von sich selbst, von dem längst vergessenen Traum, von der eigenen Wahrnehmung und ihren Emotionen. Sie leidet.
Es wird nicht besser. Er nörgelt, beschuldigt sie für alles und am Ende verlässt er sie.
Sie ist verletzt, am Boden zerstört und der Schmerz ist immens und unerträglich. Ihr Selbstvertrauen ist weg, sie hat das Gefühl, „den Boden unter den Füßen zu verlieren".
Nichts ist mehr so, wie es war.

Was ist mit ihr passiert?

Diesen Traum, der unbewusst noch in ihr schlummerte, hat er wieder „zum Leben“ erweckt. Er hat DAS idealisiert, was sie schon längst begraben musste: den Traum Sängerin zu werden und eine schöne Stimme zu haben. Er hat all das reaktiviert! Als er das, was er idealisiert hat, abwertet, hat sich der „alte Schmerz“ wieder gemeldet, den sie als kleines Mädchen schon längst vergessen und verdrängt hatte. Er hat das Gleiche getan wie ihre Mutter. Diese „alte Wunde“ wurde wieder aufgerissen, sowie alle Emotionen, die damals schon mit der Situation verbunden waren, die sie als kleines Mädchen aber nicht als solche wahrgenommen hat. Das innere Kind in ihr, das kleine Mädchen und der Schmerz waren wieder da. Sie verbindet diesen Schmerz nur mit der momentanen Situation, mit dem Mann, der sie verletzt hat, und ahnt nicht, dass es sich um den „alten Schmerz“ handelt.

Als sie idealisiert wurde, ist der Traum wieder erwacht und mit ihm alle Sehnsüchte, die schon damals damit verbunden waren. Das alles geschah unbewusst. Am Anfang der Beziehung war sie wieder das kleine Mädchen und er war ihr Retter, er war DER Mann, der ihren Wert erkannt hat. Sie hat sich in das, was er ihr gespiegelt hat, verliebt, in den Traum, in die Illusion. Alle Sehnsüchte waren gestillt. Sie hat sich „ganz“ gefühlt.

Nach der Trennung war der Schmerz immens. Nie im Leben hat sie sich so schlecht und „klein“ gefühlt. Dieser Schmerz ist durch die Beziehung ausgelöst worden, doch entstanden ist er viel früher. Das kann sie aber nicht bewusst wahrnehmen und richtet daher alle Emotionen (Hass, Wut, Enttäuschung, Trauer) auf den Partner.

Was passiert am Anfang der Beziehung?

Der Borderliner gibt dem Partner das perfekte Spiegelbild. Die besten Seiten werden „herausgepickt" und überdimensional idealisiert. Da schaut man gerne hin, auch wenn es sehr übertrieben ist. Wer würde nicht gern in ein perfektes Bild von sich selbst schauen?

Beispiel:
Ich fühle mich wohl, alles läuft gut. Ich mache mich fertig für eine Party und fühle mich grandios! Ich schaue in den Spiegel und bleibe stehen, denn dieses Bild gefällt mir so sehr und ich möchte es so lange wie möglich anschauen. Ich bin eins mit meinem Spiegelbild. Ich verlasse das Haus, immer noch glücklich und zufrieden, die Party läuft super gut, super Stimmung, man trinkt, man trinkt ein bisschen mehr. Ich komme ganz spät nach Hause, bin müde und betrunken, alles dreht sich und ich will nur noch ins Bett.

Am Morgen wache ich auf, will Zähne putzen, schaue in den Spiegel und drehe mich sofort um, oder noch besser, ich würde am liebsten den Spiegel kaputt schlagen, denn das, was ich dort sehe, gefällt mir überhaupt nicht. Sofort bekomme ich schlechte Laune, die mir den Tag verdirbt. Mein Spiegelbild ist nicht das, was ich sehen will, denn ich sehe müde, alt, zerknautscht und hässlich aus. Automatisch vermeide ich den Spiegel und fühle mich schlecht!

Richtig in den Spiegel zu schauen, wäre so, dass ich sage: *Heute sehe ich zwar furchtbar aus, ich gefalle mir überhaupt nicht, aber das bin trotzdem ich und ich akzeptiere, was mir der Spiegel zeigt. Was hat mich dazu gebracht, so auszusehen? Ich habe viel getrunken, viel gefeiert und zu wenig geschlafen. Ergo muss ich jetzt die Konsequenzen ziehen und in Zukunft versuchen, weniger zu trinken, mehr zu schlafen und mich zu schonen, damit ich mit meinem Spiegelbild morgens auch zufrieden sein kann und ich mir deswegen meinen Tag nicht verderben lasse.*

Gestern war meine Welt in Ordnung und mein Spiegelbild war schön, heute ist es anders. Ich kaufe mir aber deshalb keinen neuen Spiegel, sondern verstehe, dass nicht der Spiegel, sondern ich verantwortlich bin für das, was ich in ihm sehe.

Ein Borderliner entscheidet sich meistens für einen neuen Spiegel, denn er glaubt, dass der Spiegel verantwortlich ist für das Bild, das er sieht. Wenn der Spiegel aber nicht das zeigt, was er sich wünscht, zertrümmert er den Spiegel, immer und immer wieder, weil er nicht erkennen kann oder will, dass ER verantwortlich dafür ist, was der Spiegel zeigt! Irgendwann, wenn „die Fäuste" dermaßen vom „Spiegel zertrümmern" kaputt sind, geht er zum Arzt, weil seine „Hände" wehtun (Leidensdruck). Dann bekommt er Hinweise, dass die „kaputten Hände" etwas anderes bedeuten als nur kaputte Hände. Erst dann kann er anfangen zu begreifen, dass nicht die Spiegel verantwortlich sind für das, was er in ihnen sieht, sondern er selbst.

Was passiert beim Borderliner?

Ein Borderliner ist immer auf der Suche nach einem neuen Spiegel, denn er braucht das perfekte Bild von sich selbst. Er trifft auf einen Menschen, bei dem er spürt, dass er ihm ein gutes Spiegelbild reflektieren kann, und fängt an, das zu projizieren, was er selbst haben will: ein perfektes Spiegelbild! Der Borderliner ist überglücklich, denn er ist wieder unbefleckt. Spannungen lösen sich auf und die Welt ist in Ordnung. Er ahnt aber unbewusst, dass auch dieser Spiegel nicht immer gut funktionieren wird, denn er ist es gewohnt, dass alle Spiegel irgendwann einmal „versagen", und fängt am Anfang an, nach „Flecken" zu suchen und sich (unbewusst) auf das vorzubereiten, was kommen muss. Denn was vertraut ist, das wird erwartet.

Was macht ein Borderliner, wenn man ihm seine innere Welt spiegelt (Angst, Hilflosigkeit, Schwäche)? Er wertet die Person, die ihm das zurückspiegelt, ab und greift sie an und/oder flüchtet! Warum tut er das? Weil er nicht hinschauen kann und nicht erkennen will, dass das seine eigenen Gefühle sind, die er auf den Partner projiziert hat. Er hat Angst vor den eigenen Gefühlen, denn für ihn heißt Gefühle zeigen, sich verletzbar machen, und davor hat er Todesangst!

Um diesen Prozess deutlicher zu machen, möchte ich an dieser Stelle Arno Gruen „Der Verrat am Selbst“[1] zitieren:

„Eine Mutter, die ihr Kind intuitiv vor Reizüberflutung beschützt, legt in ihm den Grundstock, aus dem eigenen Selbst heraus lernen zu können. Wenn die Mutter dazu nicht in der Lage ist, wird sein Bewusstsein entweder von der Erfahrung der Hilflosigkeit beherrscht, die es zu einem Versager macht, oder das Gefühl des Ausgeliefertseins wird verdrängt und vom sich bildenden Selbst gespalten. Mit solch einer Lösung muss alles, was an die Situation erinnert, in der die Erfahrung der Hilflosigkeit gemacht wurde, ausgeschaltet werden. Auf diese Weise werden ganze Teile seines Seins vom Bewusstsein abgespalten. Um diese Spaltung dann aufrechtzuerhalten, muss Hilflosigkeit zum Objekt der Ablehnung und des Hasses werden. Sie ist es, die einen bedroht, und nicht die Situation, die sie verursacht hat. So rächt man sich dauernd an allem, was die eigene Hilflosigkeit hervorrufen könnte. Deswegen verachtet man Hilflosigkeit bei anderen. Dieses Verachten verbirgt die dahinter stehende eigene Angst und fördert zugleich die Haltung des Verachtens und die Notwendigkeit einer kompensierenden Ideologie der Macht und des Herrschens.“

Quelle: Arno Gruen / „Verrat am Selbst“[1]

Was passiert beim Partner?

Er hat noch nie ein so perfektes Spiegelbild bekommen, und er ist ungeheuer glücklich, denn jemand zeigt ihm, wie toll und wie schön er ist, und gibt ihm das Gefühl, einen Seelenverwandten gefunden zu haben. Natürlich ist er das in dem Moment, denn er und der Borderliner sind eins. Sie spiegeln sich gegenseitig und sind ein perfektes Bild ihrer Selbst! Wer kann da widerstehen?

Nun aber kommt der „Morgen danach". Der Borderliner spürt (aus irgendeinem Grund, der rational nicht zu erklären ist), dass dieser „Spiegel" auch nicht so perfekt ist. Denn wie oben beschrieben, spürt er beim Partner das, was er bei sich nicht wahrnehmen will oder kann, weil er Todesangst davor hat. Der Borderliner geht auf Distanz, das heißt entweder, er „zertrümmert den Spiegel" oder er flüchtet.

Was passiert mit dem Partner?

Bildlich: *Sein Spiegel ist „verschwunden". Er steht auf, will Zähne putzen und schaut in den Spiegel, aber der Spiegel ist weg! Er tappt im Dunklen, weiß nicht, wie er sich fühlt, denn wie kann er weiter leben ohne den Spiegel? Er bekommt Angst, genau diese Angst, die der Borderliner in ihn hinein projiziert hat, als er noch von diesem idealisiert wurde. Das hat der Partner jedoch am Anfang nicht gemerkt, denn er war so verblendet von seinem eigenen Spiegelbild, dass er alles, was um ihn herum passierte, ausgeblendet hat.*

Kommt der Borderliner wieder zurück, ist der Partner erleichtert und glücklich. Es ist nicht mehr so wie am Anfang, aber die Hauptsache ist, dass er wieder da ist. Er versucht, sich immer wieder im Partner zu sehen, bis hin zur Selbstaufgabe: Der Partner versucht „schöner" auszusehen, freundlicher zu sein, sich zu unterwerfen, nur um wieder das „Bild“ vom Anfang herzustellen.

Der Borderliner wirkt wütend, kalt und distanziert.
Der Partner versucht weiterhin alles Mögliche, um den Borderliner zu beruhigen. Das funktioniert aber nicht.
Im Partner löst das etwas sehr Schmerzhaftes aus, und wenn der Borderliner merkt, dass der Partner Angst hat, unsicher ist, sich schuldig fühlt, dann geht er, aus den Gründen, die ich oben beschrieben habe.

„Wenn wir verstehen wollen, warum Menschen andere Menschen quälen und demütigen, müssen wir uns zuerst mit dem beschäftigen, was wir in uns selbst verabscheuen. Denn der Feind, den wir in andern zu sehen glauben, muss ursprünglich in unserem eigenen Innern zu finden sein. Diesen Teil von uns wollen wir zum Schweigen bringen, indem wir den Fremden, der uns daran erinnert, weil er uns ähnelt, vernichten. Nur so können wir fernhalten, was uns in uns selbst fremd geworden ist. Nur so können wir weiter aufrecht gehen.“

Quelle: Arno Gruen / „Der Fremde in uns“[2]

Bordeline-Beziehungen funktionieren nach dem Schlüssel-Schloss-Prinzip und jeder Mensch bekommt seinen Spiegel vorgehalten.

Eine Borderline-Begegnung kann uns unser eigenes Ich widerspiegeln und unsere Selbstwahrnehmung/Selbstdarstellung stören, sodass es nur noch weh tut. Genau dort liegt die Chance, auf sich selbst zu achten und sich selbst zu erkennen.
Irgendwann sollte man einen Blick in die eigenen Spiegeltrümmer werfen und sich fragen, wo genau der Schmerz herkommt. Was hat diese Beziehung ausgelöst?

Übernimm die Verantwortung, denn das sind DEINE Emotionen, es geht nur um dich!

An dieser Stelle möchte ich einen jungen Mann, David L., der eine dreijährige Beziehung mit einer Frau hatte, die an der Borderline-Störung leidet, zitieren:

„Ich glaubte, die Liebe meines Lebens gefunden zu haben. Sie war total durchgeknallt, aber sind wir das nicht irgendwie alle? Ich habe sie geliebt, wie niemanden zuvor und als sie es plötzlich nicht mehr tat, dachte ich, ich muss sterben. Als ich dann lange nach der Trennung von Borderline erfuhr, konnte ich die Beziehung endlich richtig aufarbeiten. Ich konnte ihr den „BL-Stempel" aufdrücken, denn es ergab einfach alles einen Sinn.
Aber mir ist klar geworden, dass ich nicht ohne Grund 3 Jahre mit einer Frau verbringen, sie lieben konnte, die mich nie wirklich als das wahrnehmen konnte, was ich wirklich bin. Sie hielt mich für Brad Pitt und ich genoss es, obwohl ich ahnte, dass ich keiner bin. Ich denke, ich muss mir vorwerfen, alles dafür getan zu haben, einer zu sein. Wer einmal das Gefühl hatte, Brad Pitt zu sein, der will es immer und immer wieder. Also drückte ich alle Knöpfe, tat alles nur Erdenkliche, um mir diesen Kick zu verschaffen, der mir immer seltener vergönnt war, bis er gar nicht mehr kam. Zu diesem Zeitpunkt hatte auch ich Liebe mit etwas anderem verwechselt.
Als ich mich dann trennte, war der neue Traumprinz schon da und ich fühlte mich wie ein vom Schoß der Mutter gefallenes Kind, das blind herumläuft und „Mama" schreit. Vielleicht war ich aber auch nur ein aus der Pofalte gefallenes Klabusterbeerchen? Junkie auf Entzug? Jedenfalls nicht mehr Brad Pitt."

Konsequenzen für den Partner nach einer Trennung

Das Scheitern einer Beziehung zu einer Borderline-Persönlichkeit bleibt oft nicht ohne tief greifende Konsequenzen für den zurückbleibenden Partner. Unabhängig davon, wer die Trennung ausspricht, beginnt für diesen eine Zeit der völligen Neuorientierung. Zumeist zeigt ein Partner in der Borderline-Beziehung u. a. folgende Verhaltensweisen:

- Ständiges, genaues Beobachten des Betroffenen, um mögliche Gefahren rechtzeitig zu erkennen.
- Bewusstes Vermeiden von Konflikten durch angepasstes Verhalten.
- Ignorieren, Herabsetzten oder Verdrängen eigener Gefühle und demzufolge auch das
- Ignorieren eigener Bedürfnisse und Wünsche.
- Permanente innere Auseinandersetzung mit Verantwortungsübergaben und Schuldzuweisungen.
- Dulden und Ertragen von Herabsetzungen, Übergriffen und Erniedrigungen.
- Auf sich selbst ausgeübter massiver Druck, alles richtig machen zu wollen, um keinen Anlass für übergriffiges Verhalten zu geben.

Derartiges Verhalten erfordert die Distanzierung vom eigenen Ich. Sich in der Beziehung aufzugeben, wird aus Hilflosigkeit heraus als der einzige Weg wahrgenommen, die Beziehung zu erhalten. Jeder Preis wird gezahlt, oft jeder Schmerz und jede Erniedrigung akzeptiert, um das Verlassenwerden zu vermeiden. Dieses Verhalten entspricht ganz dem eines Kindes, das seinen Bezugspersonen ausgeliefert ist, und steht vor dem Hintergrund der Persönlichkeitsstruktur des Partners, auch in direktem Zusammenhang mit dem aktuellen Beziehungsverhalten. Wenn die Bindung dann doch zerbricht, ist der zurückbleibende Partner oft völlig entwurzelt.

Das, was seinen bisherigen Lebensmittelpunkt ausmachte und sein ganzes Denken, Fühlen und Sein beanspruchte, ist nicht mehr Teil seines Lebens. Zurück bleiben Emotionen wie totale Leere und Angst. Der Eindruck, versagt zu haben, lässt Scham und das Gefühl der Wertlosigkeit entstehen und aus der Gesamtheit dieses Fühlens und Denkens entsteht die Annahme, nie mehr eine erfüllende Partnerschaft eingehen zu können. Diese Phase kommt einem völligen Zusammenbruch nahe. Das Ausmaß des Verlustes ist für Außenstehende nur schwer nachvollziehbar. Leere, Angst, Scham und angenommene Wertlosigkeit – die Projektion der Borderline-Symptomatik auf den Partner, ist auch nach der Trennung beängstigend aktiv.

Das Ende einer Bindung zu einer Borderline-Persönlichkeit ist mit einem „normalen" Beziehungsende nicht zu vergleichen. Die beständige emotionale Fixierung auf den Partner diente zwar einerseits einem scheinbaren Selbstschutz, ermöglichte aber auch eigenen Grundannahmen, wie z. B. „Wenn ich mich anpasse, werde ich dafür geliebt", zu entsprechen. Die Beziehung zu einem Borderline-Partner erscheint daher häufig als Sinn des Lebens, welcher nach der Trennung verloren geht. Je länger die Beziehung andauert und je mehr der Partner den Bezug zum eigenen Ich verloren hat, desto intensiver wird es nach der Trennung. Dies geht mitunter so weit, dass sich beim zurückbleibenden Partner selbst Borderline-Strukturen bemerkbar machen. Das Anpassen an die Achterbahnfahrt der Gefühle des betroffenen Partners bleibt nicht ohne Folgen. Impulsive Stimmungsschwankungen, drastische, emotionale Handlungsweisen zur Durchsetzung von Bedürfnissen, extreme Verlustängste, Gefühle der totalen Hilflosigkeit und emotionale Überflutungen gehören zu den Auswirkungen. Dies ist ein durchaus logischer Prozess, denn eben das Anpassen an die Persönlichkeitsmerkmale des betroffenen Partners, ermöglichte ja den vermeintlichen Selbsterhalt an dessen Seite.

Im Grunde genommen haben die schwerwiegenden Konsequenzen einer Trennung also nur bedingt etwas mit dem Verlust des von Borderline betroffenen Partners zu tun. Tatsächlich geht es hier um die Persönlichkeit des Partners selbst. Aus einem Komplex eigener Strukturen heraus, wie z. B. ein geschwächtes Selbstbild oder einen ängstlich-ambivalenten Bindungsstil, zeigte sich, ähnlich wie bei dem Betroffenen, ein verzweifeltes Bemühen, das Verlassenwerden zu vermeiden. Auch oder gerade um den Preis der Selbstleugnung, denn eben diese Art der Selbstfürsorge war vertraut. Trotzdem konnte das innere Kind des Partners die Angst nie überwinden, die Zuwendung seiner geliebten Bezugspersonen jederzeit zu verlieren. Er hat die Erfahrung gemacht, nur wenig Einfluss darauf zu haben und trotz Selbstleugnung nur bedingt Zuwendung zu erhalten. Das Trauma des Kindes – trotz aller Mühen immer wieder zurückgewiesen zu werden – wiederholt sich und soll, im Sinne der Selbstheilung, auch wiederholt werden. Wie es für unverarbeitete traumatische Erfahrungen typisch ist, bleiben die dazugehörigen Emotionen wie Schmerz, Angst oder Trauer immer im gleichen Ausmaß aktiv, wie sie auch in der erlebten traumatischen Situation erfahren wurden. Der Komplex schmerzhafter Gefühle um den jetzigen Verlust vermischt sich mit den schon einmal erlebten Gefühlen, die im Zusammenhang mit Zurückweisungen oder Verlassenwerden bereits erfahren wurden.
Da für ein Kind die Zuwendung seiner Bezugspersonen einmal lebensnotwendig war, erfährt es den Entzug oder die Distanzierung aktueller Bindungspartner als vernichtend und lebensbedrohlich. Alte unverarbeitete Erfahrungen vermischen sich mit dem aktuellen Erleben des Erwachsenen, der von seinem Partner getrennt wird.

Für sich selbst oft völlig unerklärlich, empfindet er den Verlust wie ein inneres Sterben.

Quelle: Manuela Rösel / „Wie der Falter in das Licht“[3]

IV

EINBLICKE IN DIE GEFÜHLSWELT EINER BORDERLINERIN

EINE ANDERE SICHTWEISE

Bewusst vs. Unbewusst? Was kannst Du dazu sagen?

Mein ganzes Leben hatte ich mit Borderlinern zu tun, mit manchen habe ich schöne Erfahrungen gemacht und mit manchen habe ich tiefen Schmerz erfahren. Deshalb habe ich angefangen, mich mit dem Thema Borderline sehr intensiv und leidenschaftlich zu beschäftigen, denn ich wollte unbedingt diese Welt verstehen und dieses Verhaltensrepertoire begreifen.

Viele Borderliner haben meinen Lebensweg gekreuzt. Es waren sehr faszinierende und extreme Persönlichkeiten, die mich geprägt haben, die mir Freude und Schmerz in extremer Form gezeigt haben. Nur mit einem Borderliner wollte ich nichts zu tun haben – mit mir selbst!

Die Diagnose hat mein ganzes Leben verändert – es war ein Schock, aber auch eine Befreiung! Erst seit der Diagnose kann ich richtig in den Spiegel schauen und reflektieren. Mein Selbstbetrug hat ein Ende gefunden, und ich habe angefangen, mit dieser Diagnose zu leben. Indem ich die Störung als Teil meiner Persönlichkeit akzeptiert habe, habe ich die Perspektive gewechselt und angefangen, mich richtig kennenzulernen.

Was hat Dich dazu gebracht, Hilfe in Anspruch zu nehmen?

Leidensdruck! Ich hatte eine katastrophale Beziehung mit einem Mann. Es war sehr dramatisch und schmerzhaft. Diese Beziehung hat mich beinahe das Leben gekostet. Ich war in einem Zustand, in dem ich mir überlegt habe, entweder gegen den Baum zu fahren, um das alles zu beenden, oder mir Hilfe zu suchen und wieder neu anzufangen. Ich habe mich für die zweite Möglichkeit entschieden. Da ich Vorurteile gegenüber Borderline hatte und diese laut geäußert habe, hat meine Therapeutin drei Jahre lang gewartet, bis sie mir die Diagnose mitgeteilt hat. Es war auch richtig so, denn in diesen drei Jahren habe ich gelernt, Selbstverantwortung zu übernehmen, meinem Ex zu verzeihen, indem ich akzeptiert habe, dass er so ist wie er ist und nicht so, wie ich ihn mir gewünscht habe. Auch habe ich gelernt, in mich selbst hineinzuschauen und bei mir zu verweilen, anstatt andere für meine Gefühlswelt verantwortlich zu machen. Das war ein großer Fortschritt für mich und der Anfang meines Weges.

Was hat sich nach der Diagnose verändert?

Sehr vieles. Ich habe endlich angefangen, mich selbst kennenzulernen. Das Selbstbild, das ich „mitgeschleppt“ habe und ständig verteidigen musste, ist zusammengebrochen. Ich DACHTE, ich wäre so oder so, aber jetzt war das nicht mehr relevant. Ich habe mir die Frage gestellt: „Wer bin ich?“, und mir gesagt, dass ich es nicht weiß, und genau das habe ich auch akzeptiert. Ich habe aufgehört, mich in anderen zu suchen, habe aufgehört mich definieren zu müssen und mich nach einem Wunschbild zu verhalten. Für mich ist es viel leichter zu leben, nachdem der Zwang zur Identität nachgelassen hat. Ich beobachte mich und merke, wann Borderline am Werk ist. Es ist aber nicht wie früher, denn früher habe ich den Drang gehabt, diese Zustände zu bekämpfen, ohne es bewusst wahrzunehmen. Ich war in solchen Zuständen kein angenehmer Zeitgenosse, was mir leider erst jetzt klar geworden ist. Jetzt nehme ich diese Zustände so wie sie kommen an, ob es Druck ist oder Schmerz und Trauer. Ich gebe ihnen Raum, denn sie gehören zu mir und ich bekämpfe sie nicht mehr. Diese Zustände werden mit der Zeit immer seltener und die Ängste sind nicht mehr so präsent wie früher.

Wie ist Deine Meinung über Heilungschancen für Borderliner?

Was ist Heilung? Man muss definieren können, was es heißt, „geheilt zu sein". Ich kann nur für mich sprechen und sagen, ich kann mit meiner Borderline-Erkrankung inzwischen gut leben. Ich bin stabil, mein Leben ist lebenswert und ich möchte mit niemandem tauschen. Ob ich mich für geheilt halte? Ich weiß es nicht, ich habe mich auch nie als krank angesehen und auch nicht als vollkommen normal. Ich war immer „anders" und das bin ich heute noch, nur sehe ich darin nichts Negatives. Ich bin emotional, aber ich unterdrücke meine Emotionen nicht mehr und ich schäme mich nicht mehr dafür. Früher konnte ich schwer alleine sein und heute bin ich es gerne. Früher war ich sehr einsam, auch wenn ich viele Menschen um mich hatte, heute habe ich immer noch manchmal das Gefühl einsam zu sein, aber es macht mir keine Angst mehr. Was aber immer da ist, ist eine undefinierbare Sehnsucht. Sehnsucht nach irgendetwas, das man niemals hatte und das man nicht einmal definieren kann. Ein Gefühl, das ich immer hatte, und dieses Gefühl war am stärksten kurz vor einer Beziehung, die Zeit, wenn man wartet, hofft, träumt. Ich nenne es Sehnsuchtsrausch. Dieser Zustand war immer mit sehr starken Emotionen verbunden, mit tiefer Sehnsucht. Wenn es dann zu einer Beziehung kam, waren alle Wünsche erfüllt, die Symbiose perfekt. Nach kurzer Zeit jedoch fingen die Zweifel an und die Ängste waren wieder da. Der Zauber war weg. Der Sehnsuchtsrausch nicht mehr da, nur noch Enttäuschung und Schmerz und „böse“ Erinnerung daran, dass die Realität wieder da ist. Diese Sehnsucht ist immer noch da und ich weiß nicht, ob sie irgendwann nachlässt.

Peter Schellenbaum hat etwas Ähnliches in seinem Buch „Die Wunde der Ungeliebten“[4] beschrieben:

„[...] Ihre Liebesbeziehungen hatten den gleichen Ablauf. Von Sehnsucht nach Liebe getrieben, lockte sie einen Mann, der ihr meistens unterlegen war an, bewunderte ihn aus voller Seele, sendete unmissverständliche erotische Signale aus, bis es ihn ‚übermannte‘, seine Sexualität in Fahrt geriet und er darauf drang, dass die Frau ihr Versprechen einlöste. Nun wechselte deren Stimmungslage abrupt: Sie fühlte sich bedrängt und in einer ausweglosen Situation gefangen, wurde kalt und starr wie Eis. Erst also ‚lockte‘, dann ‚blockte‘.

Um nicht an sich zu zweifeln, zu verzweifeln, drehte sie schließlich den Spieß um, verlor jedes Interesse am Mann, den zu entflammen ihr gelungen war, nach der Feststellung Watzlawicks: ‚Wer mich liebt, mit dem stimmt was nicht‘, nannte ihn einen lächerlichen Zwerg, mit dem sich abzugeben sie überdrüssig war.

Da die zweite Phase der Bedrängnis und die dritte der Entwertung ihr selber keineswegs angenehm waren, lernte sie, die erste Phase der heimlich knisternden Erotik und verschleierten Verführung immer länger auszudehnen. Gerne hätte sie daraus einen Dauerzustand gemacht. Am liebsten hätte sie ein Leben lang auf die Grenzlinie zum zweifelhaften Paradies ausgeharrt, kurz vor dem Punkt, wo pralle Sehnsucht in banale Erfüllung hinein zerplatzt, mit angehaltenem Atem die Entspannung erwartend und verhindernd.“

Quelle: Peter Schellenbaum / „Die Wunde der Ungeliebten“[4]

Ich glaube, dass man mit professioneller Hilfe sehr gut lernen kann, mit der Störung umzugehen, aber ich glaube nicht, dass man es ganz heilen kann, denn das was in frühen Jahren nicht „eingebaut" worden ist, kann man nicht mehr „nachbauen".

Idealisierung / Abwertung

Ich versuche an einem ganz einfachen Beispiel zu erklären, wie diese Mechanismen funktionieren:
Ich lerne jemanden kennen und verliebe mich! Ich idealisiere diesen Mann und bekomme es auch zurück gespiegelt. Ich fühle mich wahrgenommen und bin glücklich. In den ersten Monaten ist die Welt in Ordnung, denn ich vermeide unbewusst jede Situation, die mir peinlich sein könnte, um vor dem Partner ein ideales Bild aufrechterhalten zu können. Das ist auch der Grund, wieso ich nie eine lange Zeit am Stück mit ihm verbringen kann, denn diese Spannung, dass irgendwas Unangenehmes passieren könnte, steigt und ich bekomme Angst.

Beispiel:
Wir gehen irgendwo zusammen hin, wir spazieren Hand in Hand auf der Straße und jemand geht vorbei und macht mich oder ihn blöd an. Ich fange an, mich zu schämen (zeige es aber nicht und bleibe cool), werte mich sofort ab, werte ihn ab, weil er mit mir zusammen ist, und meine Welt bricht in dem Moment zusammen, nur zeige ich es nicht. Ich fange an, mich seltsam zu verhalten, um diese Schamgefühle nicht zu spüren. Ich beginne, ihn zu provozieren und herumzunörgeln, ohne einen ersichtlichen Grund für ihn. Innerlich fühle ich mich so was von klein, und da ich mich so fühle, MUSS ich auch den Partner in diesem Moment abwerten, denn er ist mit mir zusammen, und ich bin nichts wert. Dann geht es los mit Provokationen und irrationalem Verhalten, das aus dem Gefühl der Wertlosigkeit entsteht.

Also vermeide ich jede Situation, die mir peinlich ist, denn ich muss perfekt sein, und wenn ich nicht perfekt bin, bin ich „nichts“.
Deshalb ist eine Beziehung sehr kompliziert, denn auch peinliche und unangenehme Situationen gehören dazu und ein Borderliner kann das nicht ertragen, denn er stellt mit einer Kritik seine ganze Person infrage, hasst sich und damit auch den Partner.

Auch wenn der Partner nicht in der Nähe ist, passiert Ähnliches. Wenn ich mich zum Beispiel auf der Arbeit angegriffen oder beleidigt fühle, weil mich jemand auf einen Fehler, den ich gemacht habe, aufmerksam macht, bricht meine Welt zusammen. Wenn ich nach Hause komme, fühle ich mich so klein und wertlos, dass ich die Nähe meines Partners überhaupt nicht ertragen kann. Ich werte ihn ab und er ekelt mich an, denn wenn mich jemand so mögen kann, dann stimmt etwas nicht mit ihm. Meine Schamgefühle wegen der Situation auf der Arbeit machen mir dermaßen zu schaffen, dass ich in diesem Moment in der Lage wäre, die Beziehung zu beenden. Es hat mit dem Partner nichts zu tun und er kann nicht erahnen, was in mir vorgeht. Ich erzähle ihm aus Scham nicht einmal, was auf der Arbeit passiert ist, aber in dem Moment denke ich nicht darüber nach, wie es ihm geht, weil ich in meiner Selbstabwertung versinke und alles andere nicht mehr in diese Realität gehört.

Lügen und Manipulation

Viele sagen, dass Borderliner lügen und andere manipulieren. Ich werde es sicher nicht verneinen, aber wenn man begreift, warum er so etwas tut, dann kann man es vielleicht anders bewerten.
Wenn ich zum Beispiel in einer Beziehung bin, bin ich am Anfang überschwemmt von Emotionen, die ich nicht steuern kann. Zu Beginn der Beziehung bin ich offen und fühle mich eins mit dem Partner. Es ist

jedes Mal so. Jede neue Beziehung ist, als wäre es das erste Mal, und ich sage es auch, wenn mir danach ist. „Du bist das Beste, was mir passiert ist“, oder Ähnliches. **Lüge?** Nein! Es ist so. Ich glaube selbst daran und fühle es auch! Da das emotionale Gedächtnis fehlt, kann ich mich an den Anfang der letzten Beziehung emotional nicht erinnern und deswegen erlebe ich jede neue Beziehung so, als wäre sie die erste. In dem Moment fühlt es sich auch so an!

Wenn die Gedanken anfangen, diese emotionale Überflutung zu unterbrechen, muss alles geplant werden. Ängste machen sich bemerkbar und ich muss aufpassen, dass ich keinen Fehler mache. **Manipulation?** Ja und nein, es ist die Angst, die Kontrolle zu verlieren, die Kontrolle über die Emotionen, die Kontrolle über die Situation, die Kontrolle über mich. Es ist die Angst, enttarnt zu werden, wenn man mir zu nahe kommt, und diese Angst impliziert auch Angst vor dem Verlassenwerden. Es herrscht Chaos im Kopf, weil da zu viele Emotionen sind, die man nicht steuern kann, und man sehr ambivalent und unsicher ist.

So passiert es, dass mir der Partner innerhalb eines Tages anders vorkommt. Ich sehe ihn mit anderen Augen und er „verliert den Glanz“. Klar, ich habe ihn idealisiert um mich in ihn zu verlieben, und habe mich in dieses Idealbild verliebt. Dieses Bild ist aber nur ein Produkt meiner Wahrnehmung, die auch sehr ambivalent und wechselhaft ist. Beispiel: Wir stehen auf und ich kann den Partner nicht sehen, nicht riechen. Er nervt mich und ekelt mich an. Er merkt, dass ich mich anders verhalte, und fragt, was los ist. Ich sage z. B.: „Ich habe Bauchschmerzen und es geht mir nicht gut.“ **Lüge?** Ja und nein. Ich greife auf die Lüge zurück, um ihn nicht zu verletzen. Soll ich die Wahrheit sagen: „Hey, heute bist du nicht der, den ich mal so toll gefunden habe. Ich kann heute deine Nähe nicht ertragen, ich finde deinen Geruch heute widerlich. Ich weiß aber nicht, ob das morgen noch genauso ist.“ Das wäre in diesem Moment vielleicht die Wahrheit, aber da ich nie

weiß, ob es nur ein momentaner Zustand ist, lüge ich lieber, um ihn nicht zu verletzen und um mich vor Schuldgefühlen (die sowieso immer da sind) zu schützen.
Ich habe schon seltsame Sachen gemacht, wenn ich jetzt daran zurückdenke. Als mich mein Freund tagelang ignoriert und absolut nicht beachtet hat, habe ich Telefongespräche inszeniert. Ich habe einer Freundin gesagt, sie soll anrufen und auflegen. So habe ich in das Telefon gesprochen und so getan, als ob ich mit irgendeinem Ex (den ich mir übrigens ausgedacht hatte) lange telefonieren würde. Ich war sehr kreativ dabei, denn mein Freund saß schließlich auch im Zimmer. **Manipulation?** Ja und nein. Ich wollte nur eine Reaktion von ihm, wollte wahrgenommen werden, wollte, dass er eifersüchtig wird, wollte, dass er sauer wird und reagiert. Das war mein Motiv, weswegen ich so etwas veranstaltete. Ich habe mit einer Freundin sogar ausgemacht, dass ich ihre Handynummer in einen männlichen Namen „umtaufe", sie mir SMS schickt und ich mein Handy immer in der Küche liegen lasse, in der Hoffnung, dass er es kontrolliert. **Manipulation?** Ja und nein. Ich wollte einfach geliebt werden und sicher sein, dass ich ihm nicht egal bin.

Kannst Du näher beschreiben wie sich der innere Druck anfühlt?

Bildlich:
Es ist, als ob man im Flugzeug sitzt und es zu schlimmen Turbulenzen kommt. Man ist ausgeliefert, hilflos und hat Todesangst. Man schwebt irgendwo in der Luft und spürt sich nicht mehr. Wie soll ich an etwas anderes denken, wenn diese Angst mich überkommt und wenn ich in diesem Moment machtlos bin. Dann „landet" man und kann sich wieder spüren.
Beim nächsten Flug nimmt man sich vor, dies und jenes zu machen, falls es wieder turbulent wird (Musik hören, Schokolade essen, sich

bewegen oder andere Ablenkungen), aber es wird so plötzlich und unerwartet wieder turbulent, dass man alles vergisst. Die Angst ist wieder da und man ist wieder ausgeliefert. Man kann nicht daran denken, was zu tun ist. Die Angst ist zu groß und präsent. Da helfen keine Theorien und kein Wissen! Bis 10 zählen hilft da auch nichts. Die Turbulenzen werden nicht besser, denn man kann sie nicht steuern und somit ist man ihnen ausgeliefert.

Was kann der Partner in so einer Situation tun?

Egal, was der Partner in solchen Momenten macht, es ist definitiv falsch, denn ein Borderliner kann in solchen Augenblicken gar nichts ertragen, nicht einmal sich selbst. Deshalb „spuckt“ er Gift, egal ob man nett zu ihm ist oder nicht. Ihn einfach in Ruhe zu lassen und auf nichts zu reagieren, ist für den Borderliner auch nicht gut, aber für den Partner ist es das Beste, was er machen kann. In so einem Zustand ist der Borderliner nur auf Widerspruch „eingestellt“, denn diese Unruhe, dieser wahnsinnige Druck muss raus, egal wie.

Dieser Zustand ist unvorhersehbar. Wenn alles „glatt“ läuft, dann fängt der Druck an zu steigen. Es kommt unerwartet, es kann nur ein Gedanke, ein Geruch, ein Blick oder irgendein unbewusster Trigger sein, und auf einmal ist man „weg“. Ich glaube, dass dieser Druck auch etwas mit Spaltung zu tun hat, denn wenn man alles, was unangenehm ist, abspaltet, bleibt es im Inneren und staut sich an. Anders als bei der Verdrängung, bei der immer wieder etwas hervor kommt. Der Druck steigt und es „brodelt“, wie in einem „Schnellkochtopf“, aber man weiß nicht, was das ist, denn es ist einfach „Es“, das Gefühl, dass man platzt. Da man es nicht aushalten kann, „trennt“ man sich von sich selbst, man dissoziiert. Deshalb kann ein Borderliner, der nicht einsichtig ist, sein irrationales Verhalten nicht erklären, so wie ich es früher nicht konnte.

Wie und wann entsteht dieser Druck?

Bei manchen Borderlinern gibt es Zyklen, aber es kommt immer darauf an, wie die Lebensumstände sind, wie viel Spannung und Energie man „verbraucht“, um zu funktionieren (ein Borderliner hat einen klaren Verstand, aber die Emotionen eines kleinen Kindes. Um in der Gesellschaft zu funktionieren, muss man in einem bestimmten Alter erwachsen sein bzw. sich so verhalten. Man muss eine gesellschaftlich akzeptierte Rolle einnehmen und aufrechterhalten. Da sich Verstand und Emotionen darauf nicht „einigen“ können, entsteht Spannung. Es kostet einen Borderliner daher sehr viel und wesentlich mehr Kraft als einen gesunden Menschen, die Gefühle und den Verstand unter Kontrolle zu halten). Es kann einmal im Monat oder nur alle paar Monate passieren. Ich muss dazu sagen, dass wenn ich in einer Beziehung bin, mir dies sehr oft passiert, da in dieser Situation noch mehr Emotionen aufkommen, die ich nicht steuern kann, und ich ständig Angst habe, die Kontrolle zu verlieren. In einer Beziehung ist der Borderliner überfordert!

Wie gesagt, das Aufkommen des Drucks ist unterschiedlich, und es hängt von vielen Faktoren ab. Man kann es leider nicht voraussehen, es kommt einfach und man kann es nicht steuern. Es ist, als ob man ungewollt in eine Achterbahn einsteigt und man keine Zeit hat sich anzuschnallen. Man wird durch die eigene emotionale Welt „geschleudert“ und man weiß nicht, was da passiert. Deshalb muss man sich von sich distanzieren und somit auch von allem, was einen umgibt. Gleichzeitig bekommt man Angst, die Kontrolle zu verlieren und nie mehr „aussteigen“ zu können. Deshalb „schlägt“ man um sich, um einen „Ausgang“ zu finden, aber man findet nichts.

Man weiß nie, wie lange diese Zustände andauern. Meistens nicht mehr als einen Tag, aber das ist schwer auszuhalten. Mir ist jetzt klar geworden, wieso sich viele in solchen Momenten selbst verletzen. Man spürt gar nichts mehr. Man ist wie ausgelöscht! Weg! Nicht mehr existent!

Der Körper ist „weg“, die Gefühle sind „weg“, im Kopf herrschen nur Zwangsgedanken, die man nicht abschalten kann und alles verliert den Sinn. Alles wird infrage gestellt.

Kann man in so einer Situation darüber reden?

Wie soll ich meinem Partner sagen, wie es um mich steht, wenn ich selbst das nicht artikulieren kann? Wie soll ich erklären, dass ich nicht mehr bei mir bin, meinen Körper nicht mehr spüre und quasi nicht existiere in diesem Moment? Auch jetzt, seitdem ich weiß, wie es um mich steht, kann ich manches nicht erklären und will alleine sein, wenn dieser Druck da ist. Und er kommt immer noch von jetzt auf gleich! Was soll ich da jemandem erklären? Alles, was um mich herum passiert, scheint sehr weit entfernt zu sein.
In so einem Moment kann man NICHTS machen! Gar nichts! Glaubt mir, es geht nicht! Wenn mich dann jemand ständig fragt, was los ist und mir helfen will, habe ich keinen Nerv dafür und werde sehr unangenehm und arrogant!
Dieser Druck entsteht, wie gesagt, weil man Emotionen nicht regulieren kann, man kann nicht artikulieren, was in einem vorgeht und man „funktioniert“ im besten Fall einfach!
Es ist wie eine tickende Bombe im Inneren, die Spannung erzeugt, weil man nicht weiß, wann sie platzt. Ich bin wie ferngesteuert. Ich fühle und spüre weder mich noch etwas anderes. Bin zu Eis erstarrt, ohne es ändern und steuern zu können. Da man diesen Druck, diese Spannung nicht aushalten kann, sucht man ein Ventil durch Provokationen, Wut oder Ähnliches, nur damit irgendwas passiert, damit „es platzt“. Man denkt nicht drüber nach, was man damit anrichtet, denn in solchen Momenten ist alles egal. Es ist wie irgendeine fremde Substanz, ein Trip, eine unsichtbare Hand, die dich einfach nimmt und für kurze Zeit aus dem Leben entführt. Traurig, aber ich kann es leider nicht anders

erklären. Ich weiß irgendwo im Hinterkopf, was ich anrichte, aber „Es“ ist stärker und ich habe keine Chance! Es muss knallen und ich suche Streit, denn wahrscheinlich will ich in diesem Moment verletzen, um verletzt zu werden, weil ich mich nur durch den Schmerz wieder spüren kann.
Eins kann ich auch bestätigen: Der Partner und Angehörige sollten nichts von alledem persönlich nehmen, denn es hat nichts mit der Person zu tun, die einem nahe steht! Man muss es abladen und man sucht sogar Gründe dafür, die allerdings völlig irrational sind. Es hat nichts mit der aktuellen Realität zu tun!

Realität

Es ist wie ein Tanz zwischen verschiedenen Realitäten. Man lebt in einer Gesellschaft und fühlt sich trotzdem abgetrennt, anders, manchmal „unsichtbar“. Dann kommen die Momente, in denen man alles infrage stellt, und diese Momente kommen bei Borderlinern sehr oft vor. Man fühlt sich isoliert von allen Menschen, die einen umgeben, auch wenn man ständig unter ihnen ist. Dann fangen die Gedanken, die man nicht kontrollieren kann, an, durch den Kopf zu „rasen“, und das gleichzeitig. Diese Gedanken sind sehr ambivalent.

Schließlich kommt der Moment, in dem man sich sagt: Ich will normal leben, dazugehören, mich fühlen und nicht alles infrage stellen. Es ist wie ein „Switch“ von einer Realität zur anderen, von der eigenen Realität in die, die einem vorgelebt wird. Man schlüpft in eine andere Rolle, die gesellschaftsfähiger erscheint, aber es dauert nicht lange, bis man diese Rolle wieder infrage stellt und wieder andere Möglichkeiten sucht, um zu überleben. Es ist ein „Tanz“ von einem „Lebensmodell“ zum anderen. Und man glaubt immer wieder, dass es dieses Mal klappt.

Man glaubt fest daran und gibt alles, um dies zu erleben, doch es funktioniert nur für kurze Zeit.
Nehmen wir an, ein Borderliner verliebt sich in eine Person, „springt“ in das Leben dieser Person hinein und lebt dieses für eine gewisse Zeit (projektive Identifikation). Solange dieses gute und positive Feedback funktioniert, identifiziert sich der Borderliner mit dieser Person, er „schenkt“ ihr all diese primitiven Emotionen aus Dankbarkeit und passt sich an das Leben des Partners an. Sobald die Zwangsgedanken und Zweifel kommen, fängt das „Spiel“ an, denn der Boderliner fühlt sich nicht mehr wohl und nicht mehr geliebt und hat das Gefühl, seinen Halt zu verlieren. Der Borderliner legt ein irrationales Verhalten an den Tag, welches er nicht erklären kann, und die „Spirale“ fängt an, sich zu drehen.

Ein Borderliner braucht eine Realität, in der er sich sicher fühlt, aber er findet sie nie, da ihm die innere Stärke und Stabilität fehlt. Also findet er eine andere Realität, ein anderes Leben, das ihm vorübergehend Sicherheit gibt. Doch er weiß nicht (wirklich nicht), dass es wieder einmal nur von kurzer Dauer ist. Der Borderliner sucht ständig nach einer symbiotischen Bindung, denn nur durch diese kommt er an seine Gefühle heran, die Gefühle, die er aufgrund der früh abgebrochenen Symbiose mit der Mutter im Kindesalter schon abspalten musste, um zu überleben.

NACHWORT

Kein Mensch ist vollkommen, und um unsere eigenen Unzulänglichkeiten zu verbergen (unbewusst), projizieren wir unsere „Fehler“ auf die Anderen und verurteilen das, wofür wir erst Verständnis hatten und was wir liebten. Es gibt keine Fehler, es sind Konditionierungen, die wir unbewusst leben, ohne sie zu hinterfragen.

Eine Borderline-Beziehung kann eine Chance sein, eine Herausforderung, in sich selbst hineinzuschauen, sich zu entdecken und die eigenen Emotionen zu hinterfragen.

Es gibt keinen Schuldigen, denn die Beziehung ist kein Gerichtssaal. Jeder Mensch trägt Verantwortung für sich selbst, und es ist der leichteste Weg, die Schuld jemand anderem zu geben! Borderliner sind so, wie sie sind, und wenn man das begriffen und akzeptiert hat, verletzt einen ihr Verhalten nicht mehr so stark.
Es sind Menschen mit sehr starken Emotionen, dessen zentrales Problem die Störung der Emotionsregulation ist. Eine für die Störung typische, extrem niedrige Reizschwelle führt zum Auslösen von Emotionen, die sich auf sehr hohem Erregungsniveau halten und nur langsam abklingen. Die unterschiedlichen Emotionen werden von den Betroffenen nicht differenziert wahrgenommen und verursachen aversive Spannungszustände. Dazu kommen die Schwierigkeiten, Gefühle zu steuern, die mangelnde Impulskontrolle und eine enorme Angst vor Gefühlen an sich.

Informationen und Aufklärung für Angehörige sind wichtig, sollen aber aus einem grundlegenden Verständnis resultieren. Borderliner sind Menschen, die einen besonders schwierigen Lebenskampf führen, hochsensibel und verletzlich sind, „Achterbahnen der Gefühle“ ertragen

und mit Ambivalenzen leben müssen und trotzdem, wie wir alle, die Sehnsucht nach einer harmonischen Beziehung in sich tragen.
Lieben sie Ihren Borderline-Partner so, wie er ist, informieren Sie sich und lernen Sie mit ihm umzugehen und zu leben, oder geben sie auf. Wenn sie aufgeben möchten, tun sie es sofort dann, wenn sie feststellen, dass irgendwas nicht stimmt, denn nur so können sie sich und ihm großen Schmerz ersparen.

Projektion, Spiegeln und Schattenseiten sind ein sehr interessantes, wichtiges und hilfreiches Thema, wenn es um die Verarbeitung einer destruktiven Beziehung geht, denn schmerzhafte Begegnungen können uns auch viel lehren, das Unbewusste bewusst werden lassen und uns zu uns selbst bringen.

Ich habe das Buch mit einem Zitat von C. G. Jung angefangen und möchte das Buch mit ein paar Gedanken, zusammengefasst von Frau Mag. Sabine Standenat / klinische Psychologin und Journalistin aus Wien, inspiriert durch C. G. Jung, und Debbie Ford / „Die dunkle Seite der Lichtjäger“[5] beenden.

„Wenn wir vergangene Schmerzen nicht heilen, hat das große Auswirkungen auf alle Lebensbereiche. Wir fühlen uns minderwertig, seltsam traurig oder boykottieren wirkliches Glück. Viele glauben, die Welt muss sich ändern, damit es ihnen besser geht. Aber es ist immer man selbst, der sich ändern muss. Vielleicht grollen Sie den Eltern, weil sie Sie unterdrückt haben. In Wirklichkeit sind Sie auf sich böse, weil Sie die Unterdrückung heute selbst fortsetzen.

Tief in unserem Inneren gibt es einen geheimnisvollen Ort, den wir nicht kennen, der aber dennoch zu uns gehört – den Schatten. Dort befinden sich alle Charakterzüge, die wir ablehnen und daher verdrängen. Dieser abgespaltene Teil blockiert die Lebenskraft, behindert unsere Beziehungen und ist dafür verantwortlich, dass Träume sich nicht verwirklichen.

Was ist der „Schatten"?

Es sind die Teile unserer Persönlichkeit, die wir so verabscheuen, dass wir sie unbewusst verstecken und verleugnen. Der Schattenbereich enthält jene Aspekte, von denen wir glauben, dass sie nicht akzeptabel sind. Die Botschaft, die wir von dort bekommen ist deutlich: „Es stimmt etwas nicht mit mir. Ich bin nicht in Ordnung. Ich bin nichts wert." So sind wir ganz sicher, dass Schreckliches in unseren Tiefen verborgen liegt, und entscheiden instinktiv, niemals mehr nachzusehen. Wir haben Angst vor uns selbst und tragen von dem Zeitpunkt an eine Maske. Und die kann so perfekt sein, dass wir ihre Existenz völlig vergessen.

C. G. Jung war einer der ersten Therapeuten, der den dunklen Bereich in uns entdeckte: „Der Schatten ist alles das, was du auch bist, aber auf keinen Fall sein willst." Er ist wie ein langer Sack, den wir hinter uns herziehen.

Wie entsteht dieser Schatten?

Als Kind bewerten wir zunächst nicht, welcher Teil von uns gut oder schlecht ist. Aber dann lernen wir oft schmerzhaft, welche Verhaltensweisen auf Zustimmung oder Ablehnung stoßen. Um akzeptiert und geliebt zu werden, mussten wir unsere „schlechten" Eigenschaften ablegen oder sie zumindest verbergen. Später vergessen wir, dass so ein Vorgang jemals stattgefunden hat. Wir sind jetzt nur mehr „gut". Jung meinte einmal: „Ich möchte lieber ganz sein, als gut". Aber wie viele von uns zeigen nie ihr wahres Gesicht und verraten sich, nur um gemocht zu werden?

Eine der allergrößten Hilfen, um den Schatten zu entdecken, sind Projektionen. Alles, was uns an anderen stört und aufregt, ist ein Hinweis auf unsere eigenen dunklen Seiten. Diese Erkenntnis tut normalerweise sehr weh. Daher bestreiten wir einen Zusammenhang zwischen der verheerenden Eigenschaft eines anderen und uns selbst oft mit größter Empörung. Allein der Gedanke, dass die Faulheit, Unzuverlässigkeit oder Sündhaftigkeit von Herrn oder Frau X etwas mit uns zu tun haben könnte, erscheint absurd. Aber gerade diese Reaktion ist ein sicherer Hinweis darauf, dass wir sehr wahrscheinlich dem eigenen Schatten begegnet sind. Sonst würden wir diese Eigenschaft zwar registrieren, uns aber nicht darüber aufregen.

Wenn es einen Aspekt gibt, den wir noch nicht angenommen haben, werden immer wieder Menschen ins Leben treten, die uns gerade mit dieser Eigenschaft konfrontieren (Wiederholungszwang). Es ist also klug, nicht sofort zu verurteilen, sondern die Frage zu stellen: „Was hat das mit mir zu tun?"

Jede starke emotionale Reaktion weist auf ein Schattenthema hin!

Hören Sie auf zu verdrängen oder sich selbst zu belügen. Streben Sie nicht eine Vollkommenheit an, die ohnedies niemals erreicht werden kann, sondern Ganzheit. Denn nur, wer sich selbst als ganze Person liebt, ist auch fähig, einen anderen so zu lieben. Wenn Sie Ihren Schatten umarmen, indem Sie ihn mit Aufmerksamkeit, Liebe und Akzeptanz betrachten, öffnen Sie Ihr Herz und schließen Frieden mit den inneren „Teufeln"."

„Das Unbewusste ist kein dämonisches Ungeheuer, sondern ein moralisch, ästhetisch und intellektuell indifferentes Naturwesen, das nur dann wirklich gefährlich wird, wenn unsere bewusste Einstellung dazu hoffnungslos unrichtig ist. In dem Maße, wie wir verdrängen, steigt die Gefährlichkeit des Unbewussten."

C. G. Jung

DANK

Es ist sehr schwer, allen Menschen zu danken, die bei der Entstehung dieses Buches mitgewirkt haben. Der ganze Entstehungsprozess war nicht immer mit Freude verbunden, sondern wurde auch von viel Schmerz und Leid begleitet.
Ich möchte mich bei allen Menschen bedanken, die mir Einblicke in ihre Welt der Emotionen gewährt und mir Vertrauen entgegen gebracht haben, indem sie mir erlaubt haben, sie auf diesem schweren Weg zu begleiten. Diese Menschen sind der beste Beweis dafür, dass eine Beziehung mit einer Borderline-Persönlichkeit eine Chance sein kann, zu sich zu finden, zu wachsen und sich neu zu entdecken.
Weiterhin möchte ich einen großen Dank an das „Borderline-Spiegel.de"-Team und die User aussprechen, für die große Unterstützung und Hilfe!
Danke an Hazard, für das Engagement und die Kreativität, die die Geschichte beseelt und ihr eine tiefe „Note" verliehen haben. Vor allem möchte ich dir für die vielen neuen Erkenntnisse danken.

Danke an Rob Tyss, für die Fotos und vor allem für Deine Freundschaft, aus der ich sehr viel gelernt habe.
Danke an Larissa Zange, für die große Hilfe und Korrekturen, Beistand und Motivation und vor allem Danke für Deine wunderbare Freundschaft und dein Vertrauen.
Danke an Oliver Hoffmann und Sabine Janssen, für die Korrekturen und verschiedene Anregungen.
Danke an Kevin Topf und Bertan Yalcintepe, für die kreative Arbeit und Hilfe bei anderen Projekten!
Mein großer Respekt und Dank an Frau Marianne Perner, für Ihre Geduld, Hilfe und alles, was sie für mich getan haben!
Und natürlich großen Dank an Ed Hellmeier und Kai Zimmermann, für die fortwährende Unterstützung und Mitarbeit!
Ich möchte mich besonders bei meinen Eltern und meiner Familie bedanken, für alles und vor allem für den Halt.

BIBLIOGRAPHIE

1. Arno Gruen „Der Verrat am Selbst"
2. Arno Gruen „Der Fremde in uns"
3. Manuela Rösel „Wie der Falter in das Licht"
4. Peter Schellenbaum „Die Wunde der Ungeliebten"
5. Debbie Ford „Die dunkle Seite der Lichtjäger"

Vita:

Suzana Pavic wurde 1969 in Split/Kroatien geboren und lebt seit 1996 in Deutschland.
Die Kriegsereignisse im früheren Jugoslawien und die damit verbundenen Grausamkeiten, zu denen Menschen fähig sind, brachten sie dazu, sich eingehender mit der menschlichen Psyche zu beschäftigen und letztendlich die Ausbildung für Psychologische Beratung und Psychotherapie zu machen.
Heute ist sie als Heilpraktikerin für Psychotherapie und Psychologische Beraterin tätig mit dem Schwerpunkt der Beratung von Menschen, die sich in problematischen Beziehungen befinden oder Schwierigkeiten haben, mit einer Trennung zurechtzukommen.
Aufgrund eigener Erfahrungen beschäftigt sie sich seit 2004 sehr intensiv mit dem Thema Borderline und ist auch ehrenamtlich in einigen Projekten engagiert. Ihr Buch basiert auf ihren Erfahrungen und den Erfahrungen und Erlebnissen anderer Menschen, die sie durch ihre Tätigkeiten kennen lernen und begleiten durfte.

Weitere Informationen über Frau Pavic und ihre Arbeit sind auf ihrer Seite *www.suzana-pavic.de* und *www.borderline-beratung.com* zu finden.

Ed Hellmeier wurde 1973 in Starnberg geboren.
Er ist ehrenamtlich bei mehreren Borderline-Plattformen und Selbsthilfe-Projekten tätig. Ed hat im Jahr 2009 die Diagnose Borderline bekommen, und seitdem setzt er sich mit diesem Thema sehr intensiv auseinander. Mit seinem Einsatz konnte er vielen Menschen helfen.

Robert Tyss lebt und arbeitet in Sindelfingen.
Von Beruf Konstrukteur und seit 1985 als Hobbyfotograf unterwegs, mit dem Schwerpunkt der analogen Fotografie. Das Coverbild von Robert Tyss trägt den Titel „Bio-Hazzard".